# *EL ARTE SENSUAL DE AMAR*

Este es un libro para mejorar tu habilidad y destreza en las relaciones sexuales. EL ARTE SENSUAL DE AMAR te muestra cómo lograrlo al aumentar tu conciencia y la expresión de tu sexualidad personal y la de tu pareja.

El enfoque del doctor Andrew Stanway es discutir el sexo desde el punto de vista del amor y el romance tanto como desde el punto de vista de la técnica... una actitud que es muy bienvenida en el clima de preocupación sexual de la actualidad.

La extensa experiencia como terapeuta profesional en el campo de las relaciones maritales y sexuales ha revelado que en la actualidad muchos cónyuges, si no la mayoría, en realidad nunca se han cortejado. Afirma que es tiempo para regresar a los placeres "anticuados" del cortejo, la intimidad y la seducción; es esencial mejorar nuestra destreza de galanteo en estas áreas si queremos asegurar que estableceremos una relación comprometida y satisfactoria en lo sexual, a largo plazo.

En EL ARTE SENSUAL DE AMAR, el doctor Stanway revela exactamente cómo podemos reavivar la excitación sexual en nuestras relaciones; también dedica una sección a interpretar nuestro cuerpo sexual y ofrece consejos íntimos para hacer el amor, con y sin coito, dentro y fuera de la alcoba. Se discute el valor de los juguetes sexuales y se incluye gran cantidad de consejos prácticos sobre anticonceptivos.

El texto franco e informativo del doctor Stanway está perfectamente complementado con ilustraciones hermosas y sensibles, a todo color.

EL ARTE SENSUAL DE AMAR es una lectura esencial para personas lo bastante sensibles para aprender a dar y recibir más de una relación afectuosa y sexual.

# EL ARTE SENSUAL DE AMAR

## NUEVO ENFOQUE A LAS RELACIONES SEXUALES

*DOCTOR ANDREW STANWAY*

ILUSTRADO POR JOHN GEARY

GRUPO EDITORIAL TOMO S.A. DE C.V.

El Arte Sensual de Amar
The Art of Sensual Loving



Primero publicado en los Estados Unidos de América en 1989
Por Carroll & Graf Publishers, Inc.

2da. edición Carroll & Graf 2000

Carroll & Graf Publishers, Inc.
19 West 21st Street
New York, NY 10010



2001, Grupo Editorial Tomo, S.A. de C.V.
Nicolás San Juan 1043, Col. Del Valle
03100 México, D.F.
Tels. 5575-6615, 5575-8701 y 5575-0186
Fax. 5575-6695
http://www.grupotomo.com.mx
ISBN: 970-666-397-5
Miembro de la Cámara Nacional
de la Industria Editorial No. 2961



Impreso en Star Standard Industries (PTE Ltd), Singapore
Printed in Singapore

# Contenido



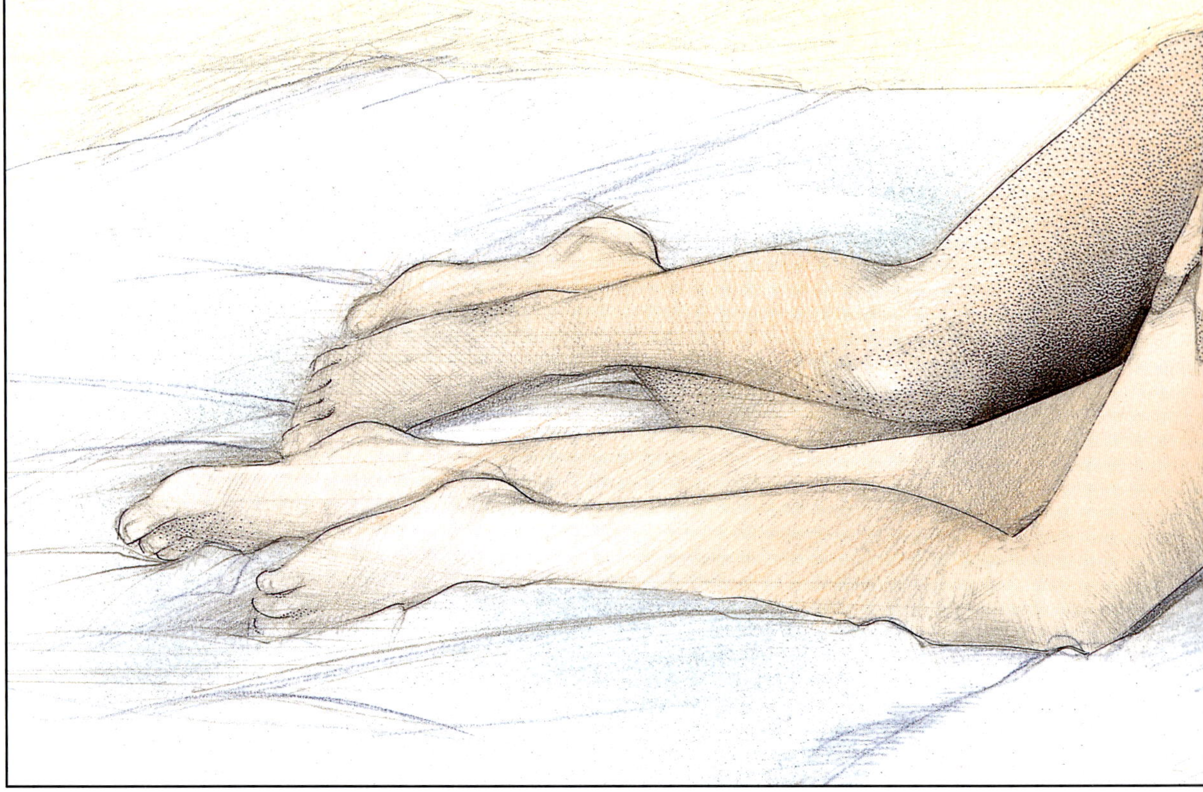

## PREPARA EL ESCENARIO



## HACER EL AMOR SIN COITO



## HACER EL AMOR CON COITO

# Introducción

En los últimos treinta años se ha puesto considerable énfasis en el acto físico de las relaciones sexuales en relación con la conducta sexual humana. La mayoría de los libros sobre sexo que se publicaron a finales de la década de 1960 y principios de la década de 1970 se concentraban en la libertad recién descubierta de esa época, desde el punto de vista del aumento de la actividad sexual antes, durante y fuera del matrimonio. Esto, junto con la introducción de la píldora anticonceptiva, significó que toda una generación de personas jóvenes creció considerando las relaciones sexuales en una forma muy diferente a la de sus padres.

En la actualidad, las actitudes de nuevo son algo diferentes. La generación del "yo", o más centrada en sí misma, está madurando rápidamente: la preocupación por las enfermedades de transmisión sexual ha hecho que muchas personas reconsideren la actitud hacia el sexo de "todo se vale" y, hace poco, la propagación del virus del SIDA ha afectado el punto de vista de casi todos en relación con la promiscuidad.

En contraste con estos aspectos de fondo, siento que es tiempo para un libro que examine algunos de los aspectos sin coito de la sexualidad humana. Para la mayoría de la gente, el sexo *es* coito, y esto es especialmente cierto para muchos hombres. Sin embargo, considerar al sexo desde un punto de vista tan estrecho es degradar todo el tema y privarse de muchas actividades al hacer el amor que han proporcionado placer a millones.

La fácil disponibilidad del coito sexual durante las últimas dos o tres décadas ha significado que muchas parejas han tenido sus relaciones como si nada más existiera. De hecho, según mi experiencia, y la de muchos otros terapeutas que trabajan en el campo de las relaciones maritales y sexuales, mucha gente en la actualidad *nunca han cortejado ni han sido cortejadas en realidad.* Se apresuraron impetuosamente a la cama, abreviando las etapas de enamoramiento y aprendizaje, sólo para encontrar que una vez que han probado las fuertes delicias del coito, nunca volvieron y aprendieron los deliciosos preliminares.

El resultado fue que mucha gente en la actualidad se ha aburrido de sus relaciones sexuales y comienza a buscar a su alrededor parejas diferentes como novedad o cambio. Es una verdadera lástima ya que quizá es posible que para la mayoría de las parejas, la mejor esperanza de felicidad recae en la relación que ya tienen, más que la que *podrían* hacer funcionar con otra pareja.

Con los problemas actuales que plantean una variedad cada vez mayor de infecciones venéreas, y en especial el virus potencialmente letal del

SIDA, nos debemos el examinar cómo podemos volver a vivir y disfrutar nuestras relaciones actuales, más que buscar desesperadamente en otra parte, esperando compensar lo que creemos que falta. Como ya he insinuado, a menudo lo que creemos que falta es la habilidad para conocer y valorar lo que se relaciona con el sexo, aparte del coito; de eso trata este libro.

En él, consideramos cómo una pareja llega a conocerse íntimamente; ponemos el sexo en perspectiva, desde el punto de vista del amor y el romance; aprendemos a qué responde nuestro cuerpo y cómo producir esa respuesta; describimos los escenarios o situaciones más favorables para flirtear, para el romance y para el amor; examinamos los métodos de "hacer el amor" sin tener coito; cómo aprender más sobre la pareja al nivel más sensual; cómo hacer más estimulante el sexo, y mucho más. La última sección, y la más corta, conduce a una pareja a la actividad sexual en que se introduce el coito, y discute cómo se debe abordar en el clima actual de preocupación.

Espero que este libro será útil y producirá placer a tres grupos de lectores. En primer lugar, a las personas jóvenes que están inseguras y quizá asustadas de aprender sobre su sexualidad en una era de SIDA. Muchos jóvenes en la actualidad no saben cómo comportarse; es claro que la abstinencia sexual total no es una proposición atractiva, y sin embargo, se dan cuenta que es imprudente adoptar actitudes sexuales liberales que quizá tuvieron sus padres. Este libro debe ayudarles a enfocar el dilema.

En segundo lugar, existen parejas, de entre 30 y 50 años, que pertenecen a la era "liberada" y que en este momento pueden darse cuenta de que existe más respecto al sexo y la sexualidad que su pasado de "ir de inmediato a la cama" les ha enseñado. Espero que este libro les abra nuevos horizontes.

Por último, está la pareja de más edad que quizá haya tenido poca experiencia sexual antes de que se casara por miedo a un embarazo indeseable. Espero que se sientan complacidos de reafirmar algunas técnicas y destrezas para hacer el amor que pudieron volverse rutina, e incluso posiblemente añadir otras nuevas para enriquecer su vida madura y su vejez.

Por lo tanto, EL ARTE SENSUAL DE AMAR es muy diferente al "libro o manual de sexo" promedio, ya que enfatiza los placeres de la sexualidad sin coito. De ninguna manera quiere disuadirte de tener el coito, sino más bien, aumentar tu habilidad y destrezas para hacer el amor, y animarte a expresar tu sexualidad en una forma más variada y gratificadora. En este sentido, es un libro sobre "cómo tener mejor sexo". Pero no me disculpo por esto, en especial en una era en que muchas parejas se están dando cuenta de que el lugar para buscar un mejor sexo es con la pareja que tienen. Espero que este libro te ayude a lograrlo.

## Capítulo Uno

# Conócete

Lograr conocer en verdad a alguien requiere de toda una vida... e incluso entonces nuestro conocimiento dista mucho de ser completo. Pero si la tarea parece intimidante, también es maravillosa, en el verdadero sentido de la palabra, ya que mediante la devoción desinteresada por descubrir la personalidad de nuestra pareja, aprendemos mucho sobre nosotros mismos y nuestra relación. Este libro es una herramienta para facultar a los enamorados a conocerse y comprenderse mejor entre sí.

# *ATRACCIÓN Y CORTEJO*

*Aunque es comprensible que nos sintamos atraídos por el cuerpo de nuestra pareja, la atracción sexual es mucho más que esto. Aunque muchos comenzamos pensando en el aspecto físico, pronto se presentan cambios al darnos cuenta de lo bien que combinan nuestras personalidades... la verdadera base para una relación de exclusividad.*

Cerca del noventa y cinco por ciento de las personas en edad casadera del mundo occidental se casa en alguna etapa de su vida, e incluso con la prensa adversa que indica que en la actualidad el matrimonio está sufriendo, no existe una señal real de que la situación esté cambiando. Por el contrario, incluso después de una relación deficiente, la gente parece ansiosa de casarse de nuevo.

La vinculación amorosa, o la unión en parejas, es parte muy importante de nuestra cultura, y en ella, la mayoría de las personas se siente algo despojada si no tiene una relación de exclusividad. Pero, ¿qué es lo que nos hace unirnos, por principio de cuentas?

Los estudios con cámaras oculares especialmente diseñadas para indicar a un observador con exactitud qué está viendo una persona, incluso si es por un segundo, revela que tomamos decisiones con gran rapidez sobre la apariencia del sexo opuesto. En segundos resumimos visualmente a una persona y decidimos, en forma inconsciente, si vale la pena continuar.

La forma del cuerpo y el estilo, la ropa, el olor del cuerpo, la cara y muchos otros factores, todos toman parte en ayudarnos a decidir si es probable que alguien sea sexualmente atractivo.

No se sabe por qué cualquiera de estos hechos, o una combinación de ellos, debe ser importante para un individuo en particular, pero existen miles de artículos que versan sobre este tema que se encuentran en revistas de psicología. Quizá inconscientemente abordamos personas que son similares, de alguna manera, a nuestros padres, basándonos en que son familiares para nosotros de un modo anatómico altamente específico; quizá seleccionamos a quienes tienen características que por lo general se acepta que son atractivas en individuos del sexo opuesto; o quizá la apariencia no sea tan importante como imaginamos y actúen otros factores no físicos. En muchas formas, la atracción de una persona por otra es un total misterio y desafía incluso a los estudios escrupulosos.

Es obvio que no podemos llegar a conocer a toda la gente que encontramos y como resultado, nos volvemos bastante diestros para seleccionar a quienes podrían ser apropiados para cónyuges nuestros. De una selección bastante reducida (pocos tenemos mucho de dónde escoger cuando se examina el asunto con cierta profundidad) convocamos nuestras nociones inconscientes de lo atractivo, adquiridas a lo largo de la vida hasta el momento. Por ejemplo, cuando vemos a una mujer sociable con uñas largas y pelo teñido de rojo, o a un hombre con un grueso brazalete de oro, hacemos suposiciones inmediatas de su personalidad, basándonos en nuestra experiencia previa o la de contemporáneos en quienes confiamos. Esta confianza en juicios hechos empleando estereotipos puede ser peligrosa pero, por lo general, es la única forma práctica.

---

*Detrás de esto hay mucho más que el intercambio de sensaciones corpóreas. Tomarse de la mano dice: "Somos Uno"*

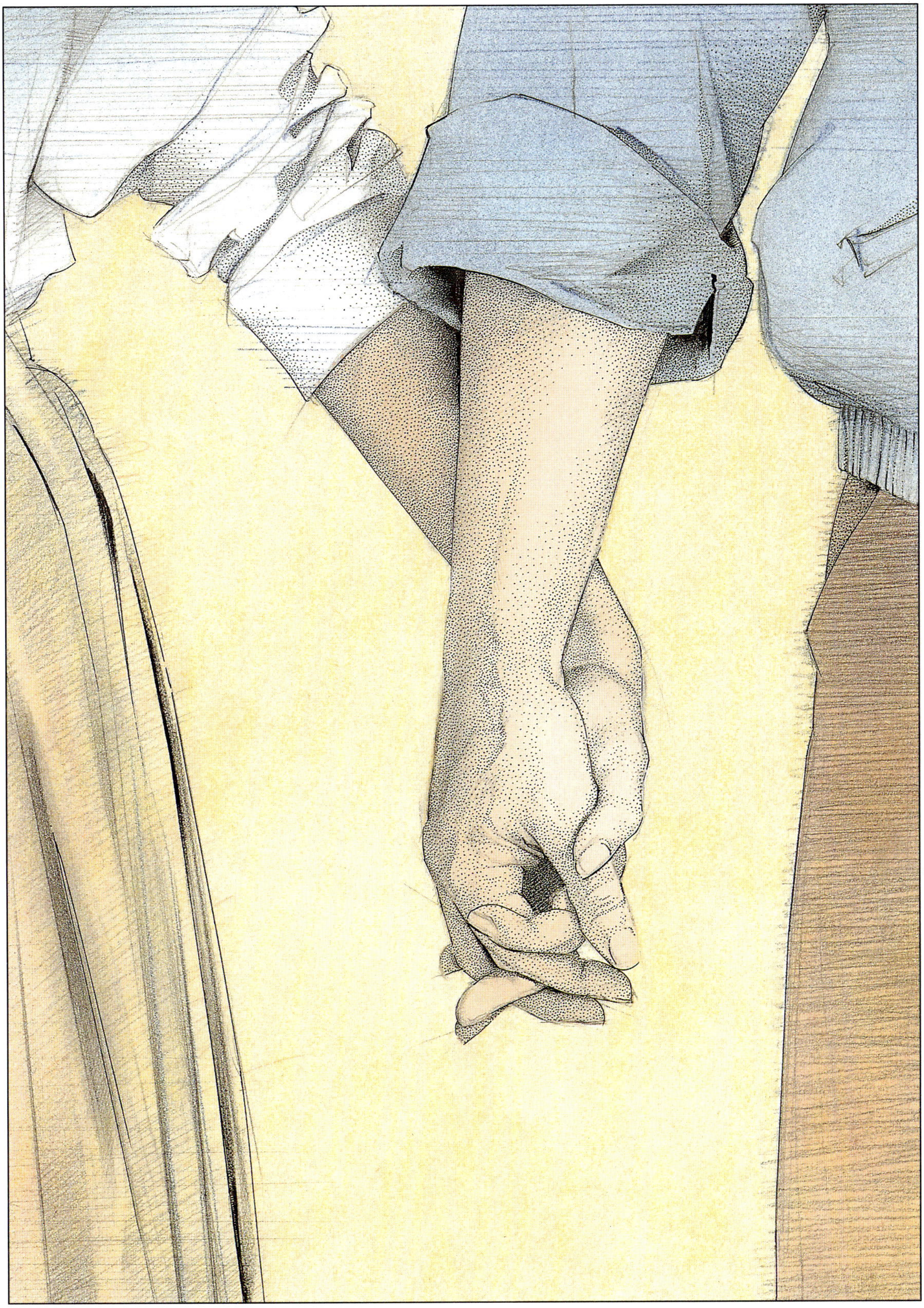

Ahora empieza la verdadera empresa de establecer una relación de exclusividad. Comenzamos el proceso de averiguar algo sobre la persona, de ver si es el tipo de individuo con el que podemos tener algo en común.

Entonces, la similitud y la posibilidad de llevar la situación más allá, es la primera base para la selección ya que todos necesitamos un núcleo de intereses comunes si vamos a ser felices juntos por algún tiempo. Siempre le digo a las parejas que el mejor compañero para la mayoría es el que tenga suficiente en común, de manera que no tengamos que redefinir nuestros intereses cada diez minutos y, sin embargo, que tenga suficientes diferencias para que sea estimulante y abra nuevos horizontes ante nosotros.

Este equilibrio entre lo que sabemos y con lo que nos sentimos cómodos, y la emoción de lo nuevo es lo que puede hacer muy difícil la selección de la pareja. Tenemos evidencias apropiadas de que casi cualquier hombre y mujer con antecedentes algo similares *podrían* formar buenas parejas. Después de decir esto, tenemos algunas pautas que se deberían considerar al escoger a alguien para toda la vida. Es probable que apresurarse a tener una relación, un énfasis excesivo en el romance, confiar demasiado en la apariencia, una selección de personas demasiado restringida y buscar el sexo demasiado pronto ejerzan efectos negativos para hacer elecciones racionales. Es una lástima ya que todos se pueden controlar, con la consiguiente posibilidad de evitar congojas después.

El cortejo se vuelve lo más importante en que cualquier pareja se aventura. Durante la revelación lenta y por pasos de la personalidad de ambos, aprendemos cómo somos en realidad en presencia de nuestra pareja y cómo es ésta con nosotros. El cortejo es un periodo de valoración, acercamiento y aprobación; es una etapa de prueba, y si se emplea en forma apropiada, sembrará las semillas de una conducta romántica, afectuosa y realista para toda una vida juntos. Demasiadas personas jóvenes se apresuran a tener actividades sexuales antes de que en verdad lleguen a conocerse entre sí. Es probable que siempre haya sido así hasta cierto grado, pero si consideramos que el "hasta que la muerte nos separe" en la actualidad es un promedio de cincuenta y dos años para las parejas jóvenes, mejor será que hagan al máximo sus deberes antes de atar el nudo matrimonial.

Las parejas que reducen el cortejo me dicen que les es casi imposible compensarlo después. De hecho, una de mis tareas como terapeuta matrimonial es enseñar a los cónyuges, a menudo de más de cuarenta años, cómo cortejarse entre sí. Se precipitaron de la amistad y la atracción física a la cama y el resultado fue interrumpir cualquier otro tipo de descubrimiento sobre ellos. A menudo, el sexo es un impulso tan poderoso que pocos podemos ignorar el sentimiento y hacer un juicio racional sobre otras áreas menos satisfactorias de la personalidad de nuestra nueva pareja o sobre la conveniencia de tener una vida juntos.

Pero volviendo al cortejo, puede ser algo difícil después de muchos años juntos. Después de todo, con el paso de los años, muchas personas se vuelven perezosas y suelen dar por sentada a su pareja. La esencia de la conducta de cortejo es que en realidad estamos tratando de exhibirnos ante nuestra pareja y estamos encantados de hacerlo. En pocas palabras, mostramos nuestra mejor conducta cuando estamos cortejando, tratando de animar a la otra persona a pensar bien de nosotros.

Lo que hace tan difícil volver a la conducta de cortejo para tantas personas, es que han olvidado del todo cómo ser entusiastas unas por otras. Todo se ha vuelto desaliñado, los modales dentro y fuera de la cama pueden ser inapropiados, se hacen suposiciones que a menudo son dañinas y erróneas, la mente está cerrada en lugar de dispuesta y la persona se concentra más en el pasado que en el futuro. Para la pareja que se corteja es importante el presente y también su anticipación del futuro. La mayoría de las parejas que veo que ya no se cortejan en la madurez no tienen una anticipación anhelante y emocionada de lo que les reserva el futuro porque asumen erróneamente que ya lo saben.

Digo "erróneamente" porque aunque *pueden* vivir en su modelo actual de relación por el resto de su vida unidos, de hecho, existen otras posibilidades tan emocionantes y desconocidas como el futuro para la pareja que se corteja al principio de una relación. La pareja que continúa cortejándose durante su vida, no supone que la vida será el mismo guión, quizá aburrido, que han estado actuando hasta el momento. Consideran a la conducta de cortejo como una rededicación de uno con el otro; una señal de que tienen un futuro que entraña cambio y emoción por lo desconocido; y que el guión de la vida, aunque válido por lo que son, puede cambiar conforme *ellos* cambian como individuos y como pareja.

Como el "Tío Agonía" para una revista de bodas, recibo cartas de muchas personas a punto de casarse. El tema más común de estas cartas es que una mujer está preocupada por su novio en alguna forma y se pregunta si cambiará después de la boda. Por lo general, la carta me asegura que al contrario de lo que todos dicen, ella está segura de poder hacer que él cambie.

También escribo otra columna similar para una revista de mujeres. Cartas similares allí y mi experiencia clínica me muestran que estas mujeres se están dejando llevar por sus ilusiones o incluso están siendo arrogantes. La mayoría de los hombres siguen siendo iguales, al menos en lo fundamental, y a las mujeres que piensan que pueden cambiar sustancialmente a su pareja después del matrimonio, les espera una ruda conmoción.

Esto enfatiza mi punto de vista de que debemos dedicar tiempo a conocernos, con todo y verrugas, durante el cortejo. Esto, para mí, significa un lento avance hacia el sexo, que quizá requiera de algunos meses, viviendo juntos tanto como sea posible, aunque no necesariamente bajo el mismo techo, de manera que ambos se vean en forma tan realista como sea posible y que no sólo actúen un papel. No se deben dedicar a jugar al engaño (al menos, no conscientemente durante el cortejo), es un momento para las revelaciones francas.

Cuando el sexo empieza a ser parte de la relación, el progreso, de nuevo, debe ser lento. Me parece que la pareja que comparte todo con gentileza y amor tiene una posibilidad mucho mayor de felicidad al principio del matrimonio, ni qué decir más adelante. Cuando se pregunta a las personas que se están divorciando cuándo supieron por primera vez que la relación estaba mal, muchas dijeron: "En el primer año o incluso antes". Se podrían evitar muchos matrimonios desacertados si las parejas actuaran con gentileza y honestidad en el cortejo, y dejaran la relación si su pareja fuera inapropiada.

Compartir fantasías, tener juegos románticos y aprender lo que en realidad excita al otro, son sólo una parte de todo el proceso de revelaciones que es la base de un verdadero cortejo.

Ninguno de nosotros puede saber con total certeza que está haciendo la elección correcta al escoger a una pareja para toda la vida y no se dan garantías en la ceremonia de casamiento. Sin embargo, con cuidado y honestidad, podemos estar razonablemente seguros, antes de casarnos, de que tenemos suficiente en común y que sin embargo hay suficientes diferencias para seguir siendo interesante, de manera que no recibamos una dramática sorpresa al empezar el matrimonio.

Con todo tipo de buena voluntad, comprensión y confianza que se afirma desde el principio, la mayoría de las parejas puede enfrentar los cambios inevitables que se presentan en la vida. Una vida sexual que esté bien fundamentada y sea realista también ayuda cuando se entrometen las presiones de la vida. Las personas siempre me están preguntando qué se puede hacer para que tenga éxito el matrimonio. Existen muchas posibles respuestas, pero si tuviera que escoger sólo una, sería instituir cursos prematrimoniales sobre cortejo. Si todos empezáramos un matrimonio con un "título" en cortejo, habrían menos divorcios y parejas mucho más felices y satisfechas.

*La ternura es muy atractiva en un hombre. De hecho, la combinación de fuerza, tanto emocional como física, con ternura, es una combinación irresistible.*

# *EL ARTE DE LA SEDUCCIÓN*

*La seducción puede tener lugar como parte del cortejo, como una actividad por derecho propio, para una pareja que se tiene afecto, o puede ser parte de la vida diaria de unos cónyuges que ya son amantes. Aunque podría parecer que el juego sería diferente en cada situación, en realidad existen muchas más semejanzas de lo que se esperaría.*

El sexo es una fuerza poderosa en nuestra vida que tenemos que enfrentar todos. Sin embargo, a diferencia de cuando vamos a un restaurante, a una comida, el apetito sexual no se satisface con tanta facilidad. Se necesita participar en un juego bastante sofisticado con alguien del sexo opuesto, ya sea como parte del cortejo o de una relación de exclusividad ya existente.

La meta de la seducción es tener relaciones sexuales con la otra persona. Esta meta puede no ser la idea consciente entre dos personas, pero incluso si es inconsciente cuando tiene lugar la seducción, por lo general el resultado será el sexo. Con frecuencia, las ideas inconscientes son el meollo de una aventura y pueden destruir un matrimonio. Entonces, es mucho mejor reconocer la seducción cuando la ves, sea en ti o en otros, de manera que si no es lo que quieres, o podría poner en peligro tu relación de exclusividad, puedas terminarla antes de que quedes irremediablemente comprometido.

Tener sexo con alguien nuevo no es sólo un asunto de pedirlo directamente; existe una serie de etapas culturalmente aceptables a través de las que avanzamos todos, aunque sólo sea en forma inconsciente. En primer lugar, seleccionamos una pareja disponible; después, fomentamos su interés en nosotros, después mantenemos su interés, avanzamos para introducir el tema del sexo y al final tenemos sexo.

Es importante la forma en que buscamos una nueva pareja. Para algunas personas la emoción principal se encuentra en la cacería. Una vez que alcanzan el objeto de su deseo, rápidamente se enfrían. A menudo, este tipo de personas están algo inseguras de sí mismas y una vez que han demostrado que *pueden* atraer a alguien del sexo opuesto, se retiran, para volver a intentarlo basándose en que "una evidencia en realidad no demuestra nada". Otros se retiran por sus inhibiciones conscientes o inconscientes sobre el sexo opuesto. Desde otro punto de vista, también existen quienes adoran *ser perseguidos*, y nunca quieren ir más lejos. También tienen problemas con su opinión personal de la aceptabilidad o quizá incluso de la aceptabilidad de los demás.

Tenemos evidencias apropiadas que indican que todos tenemos una idea razonablemente correcta de qué tan atractivos somos. Así que en forma inconsciente buscamos a alguien que sentimos está en nuestro nivel de atractivo. De esta forma, no desperdiciamos el tiempo con alguien que es mucho más atractivo que nosotros, en caso que nos rechace. Es interesante que la investigación revela que la gente de hecho se casa con una persona de nivel de atractivo aproximadamente similar, según lo juzgan otros.

Escoger la persona para seducir es sólo el comienzo, después tenemos que seleccionar el momento correcto para acercarnos a ella con nuestro deseo, lo cual puede ser mucho más difícil. Tus oportunidades de seducir con éxito a alguien son mayores si tienes cuidado si consideras adecuadamente la situación. Se pueden esperar recompensas cuando existe una excitación emocional más fuerte. Se ha encontrado que la gente se enamora con más facilidad después de desastres naturales y tragedias, ¡pero no quiero sugerir que esperes o produzcas una! Puedes contentarte con reunirte con la persona en un baile, un centro deportivo, un concierto popular, una reunión religiosa o situaciones "peligrosas", como una feria. La emoción y algo de peligro, unido al placer compartido de lo que los rodea, hace que las personas estén más dispuestas a las insinuaciones de otra. Podría ser que la adrenalina, la pérdida relativa de las inhibiciones, y el gran poder de la experiencia compartida haga que la gente se sienta más unida y más dispuesta a ser seducida.

Las experiencias compartidas que tienen un significado especial para los individuos involucrados son situaciones comunes para que tenga lugar la seducción. Es la razón de que muchas personas seduzcan y sean seducidas en cursos de todos tipos, en días de entrenamiento, en los que superan un adversario común o comparten una emoción común. Según los estudios, el peligro, e incluso la amenaza de uno, parece hacer que seamos más amorosos, en especial los hombres.

La siguiente consideración es si es probable que responda a tu propuesta la persona que has decidido perseguir. Por ejemplo, los estudios muestran que las mujeres que fuman son más promiscuas que las mujeres que no. Existen numerosos otros descubrimientos estereotípicos que, sin embargo, usamos en forma inconsciente. El lenguaje del cuerpo puede traicionar muchos de nuestros sentimientos y es casi imposible de ocultarlo, incluso si queremos hacerlo. Las "posturas abiertas", las que exhibimos nosotros, son indicaciones claras de que estamos disponibles para la persona correcta. Mirar a una persona un poco más de lo normal, mirarla fijamente a los ojos, reír con sus bromas, son sólo unas cuantas de las formas en que resulta claro que una respuesta positiva puede presentarse.

Así es como decidimos si alguien está disponible, si es lo bastante atractivo para seguir más allá, qué tan buena pareja puede ser y si parece estar interesada en uno. Gran parte de esta evidencia se obtiene de manera altamente subjetiva, pero debemos empezar en alguna parte.

La siguiente fase de la seducción es exponer algunos hechos sobre ti con el fin de parecer normal, atractivo, sano y, quizá, una buena pareja. Esto implica lo que se conoce como revelación propia. Además de decir que trabajas en un banco, o lo que sea, se requiere mucho más para que la situación empiece a progresar. La revelación emocional y psicológica parece tener más éxito. Hace que la otra persona sienta que eres maduro, accesible, honesto y probablemente agradable de tratar en el área sexual. Es interesante que estos tipos de revelaciones por parte de alguien casado, a otro que está tratando de seducirlo, casi seguramente iniciarán una aventura. La investigación ha descubierto que las personas casadas que revelan información sobre sus emociones y su vida personal a alguien del sexo opuesto, tienen más probabilidad de divorciarse que quienes no lo hacen.

Por lo general, son los hombres los que empiezan esta exposición de sus emociones, pero las mujeres pronto se unen y empieza una verdadera comunicación. Permitir o alentar a otra persona para que revele información de esta manera, es parte de ser un seductor exitoso. De hecho, gran parte de "conversar" entraña el estímulo diestro y sutil para que alguien revele más sobre sí mismo de lo que quizá idealmente le guste. Esto es muy cierto en las aventuras. La mayoría de las personas en esta situación presentan una fachada muy buena al individuo que están seduciendo. Por ejemplo, están muy interesados en lo que se está diciendo. Ésta es una de las razones de que la persona seducida esté tan prendada con el seductor... es demasiado bueno para ser cierto.

Al tomar la persona algunas decisiones impremeditadas sobre los primeros avances, ya puedes trabajar en mantener el interés de la otra persona en ti. Ahora es el momento de ser especialmente sensible a las señales de rechazo. Por supuesto, la situación puede invertirse, ya que una persona que creías que no estaba interesada, de repente puede empezar a estar entusiasmada. Encuentra un tema interesante de conversación y abórdalo con algo de fervor; además, asegúrate de escuchar atentamente. A la mayoría de las personas les gusta hablar sobre sí mismas y alguien que sabe escuchar es muy apreciado.

Conforme avanza la situación (y avanza con bastante lentitud entre los humanos) emplea el flirteo para mostrar que estás interesado no sólo en la mente de la persona sino también en su cuerpo. Esto, si se hace con sutileza, mantiene abierta la posibilidad de sexo mientras cada uno siente su camino en otras dimensiones de la relación.

Jugar a que uno es difícil de lograr o que no se está disponible es algo común que ambos sexos emplean en forma consciente o inconsciente. Ser una pareja demasiado fácil aleja a muchas personas, en especial, hoy en día, ya que la promiscuidad está cada vez menos de moda, pero lo contrario es igual de molesto. La investigación ha descubierto que los hombres temen el rechazo al principio, en especial con parejas atractivas, así que todo lo que una mujer pueda hacer para tranquilizar al hombre de que no es probable que suceda, mantendrá el progreso y asegurará que permanezca feliz. Una mujer que desea a un hombre debe mostrar que es "alcanzable" o éste la dejará por alguien que lo sea. Tanto el hombre como la mujer disfrutan de la caza, pero la abandonarán si no es probable que ganen. Nuestra cultura enseña que las mujeres y las jóvenes no deben parecer demasiado fáciles de seducir, pero es una posición difícil de establecer ya que no deben alejar a los hombres por completo. Yo aconsejo a las mujeres que sean abiertas sobre su sexualidad, de manera que los hombres sepan cuál es la situación desde el principio. Si se sienten atraídas por un hombre, tiene sentido aceptarlo y no dedicarse a juegos. Si no se sienten atraídas, están casadas o no quieren tentar el destino, deben detenerse de inmediato y dejar que busque en otra parte.

Por lo general, para este momento, la excitación sexual se está volviendo parte de la situación. Establece que eres deseable y estás disponible, pero que te gusta ser cortejado, lo cual es cierto para ambos sexos.

En nuestra cultura no nos dirigimos a alguien y le pedimos sexo de inmediato. Hablamos primero al respecto de forma abstracta y evitamos la referencia directa por un tiempo, probando la temperatura del agua antes de saltar a ella. Conforme progresa este tipo de conversación, resulta claro si será posible alcanzar el nivel de intimidad que se requiere para el sexo. La misma ambigüedad de esta propuesta indirecta significa que el rechazo es menos doloroso ya que el avance fue experimental e indirecto. El rechazo en esta etapa involucra muy poca pérdida de autoestima, pero si recibiste los mensajes correctos, todo puede, y debe, proceder. En esta etapa, es probable que recibamos cerca del ochenta por ciento de nuestra información del lenguaje corporal, así que practica darte cuenta clara de éste más que de lo que dice la persona.

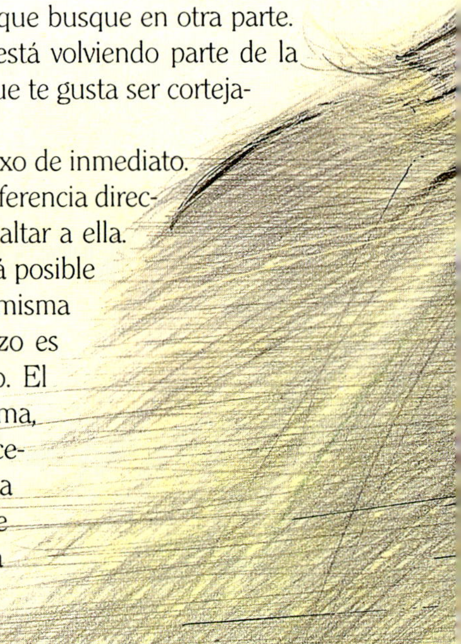

*Esta mujer está claramente siendo seducida mediante el tacto. Está mostrando sus sentimientos íntimos, está desvestida en parte, está dispuesta a que la acaricie el hombre y es obvio que lo está disfrutando todo. Éstas son señales positivas para el hombre que quizá pase a la siguiente etapa.*

Las pistas verbales pronto empezarán a ser positivas también. Esto, junto con una discusión más íntima del sexo, los anticonceptivos, el futuro, etc., señalan la disponibilidad de una pareja para tener sexo. En esta etapa, si no antes, la otra persona empieza a hacernos favores, a ayudarnos, quizá a engañar a su pareja por nosotros o a esquivar a otros miembros del sexo opuesto. Esto fortalece más la relación y hace que sean más valiosas entre sí. Ahora las actividades físicas llegan al punto en que tiene lugar la relación sexual.

Después de la primera vez en que esto ocurre, la mayoría de las personas hablan sobre cómo les fue, lo que sienten uno por el otro, y las mujeres, por lo general, afirman tener algún tipo de amor por el hombre, aunque sólo sea para mitigar su culpabilidad, sin son culpables, y muchas hacen planes para volver a hacerlo, y discuten su futuro juntos, incluso si esta etapa parece probable que sea de corta duración.

A partir de este momento, la pareja empieza a formar una vida sexual y romántica y se puede decir que tiene una "historia". Poco a poco, quizá por algunos meses, utilizan su conocimiento para seducirse uno al otro cada vez mejor, hasta que se convierten en amantes experimentados. Ésta también es una conducta que está disponible para personas que han estado casadas por muchos años. Cuando hablo con parejas casadas sobre seducirse uno a otro, a menudo me ven como si estuviera demente, pensando que sólo los solteros o quienes tienen aventuras, se seducen uno a otro; pero no es así. Una pareja en verdad exitosa aún se deleita en seducirse, año tras año. De hecho, esto puede ser muy gratificante aunque sólo sea porque como compañeros a largo plazo, saben mucho más uno del otro.

Es una lástima que tantas parejas parezcan encontrar la idea de seducirse entre sí más bien extraña. Como he señalado, es una vergüenza porque lo que a menudo se percibe como "inseductibilidad" de nuestra pareja es lo que la hace parecer insulsa o menos interesante que otros miembros del sexo opuesto. Mi experiencia clínica muestra que sólo unas cuantas parejas continúan invirtiendo todo lo que pueden en seducirse entre sí todo el tiempo, principalmente porque creen que una vez que han obtenido una pareja ya no necesitan seducirla... todo debe estar disponible de manera automática, sin alborotos ni esfuerzos.

Por desgracia, esto descuida gran parte de la importancia del placer sexual. La anticipación es la mitad del placer y la cacería es a menudo más estimulante que la captura. Al reducir el arte de la seducción en una relación a largo plazo, nos perdemos gran parte de la diversión, anticipación y estimulación.

Un consejo apropiado para parejas de cualquier edad o en cualquier etapa de la relación es hacer un esfuerzo consciente de planear seducirse uno a otro frecuentemente; a ninguno nos gusta que se nos dé por sentado. Saber que ambos van a seducir y ser seducidos en su relación no sólo hace que se sientan jóvenes mientras reviven juntos emocionantes etapas de finales de la adolescencia, sino que hace que se sientan valiosos para su pareja y los mantiene alertas a cualquier posible señal de un peligro grave de que tu amor se vuelva rutinario.

Cuando se pregunta a la gente por qué tiene aventuras, se señalan muchas razones, pero para la mayoría es una aventura secreta que añade diversión y emoción a su opaca vida sexual y romántica. La pareja que se seduce entre sí, con frecuencia no tiene estos problemas ya que pueden crear aventuras similares con su pareja... y sin todas las desventajas de tener que anticipar o aprender los deseos de alguien nuevo.

Pero sin importar si eres casado o no, tiene sentido dedicar algo de empeño a estudiar cómo seducir a alguien, qué produce los mejores resultados y qué no. Considera tu estilo, examina con cuidado cuáles tácticas funcionan mejor, qué lugares satisfacen más a tu pareja, o si estás en la etapa de buscar una pareja, qué tipos de seducción funcionan mejor para atraer el tipo de persona que en verdad deseas.

Puede ser un proceso complicado si no tienes experiencia en el arte de la seducción, ya que tienes que aprender todo y porque lo que pensamos que *queremos* y lo que en realidad *necesitamos* pueden ser dos situaciones distintas. El problema es que cuando somos jóvenes nos parece difícil, a veces incluso imposible, separar ambos deseos. Esto puede causar que nos sea difícil seducir el tipo de persona que pensamos que queremos porque la estructura de nuestra personalidad nos impide producir lo que pensamos que son los mejores resultados. Esto conduce a algunas personas a sufrir interminables frustraciones y congojas ya que les es difícil atraer y seducir a las parejas que creen que desean. A veces, hablar al respecto con un amigo que en verdad sea apropiado puede ser de ayuda. Incluso un padre afectuoso puede proporcionar el consejo o información suelta que te ayude a decidir lo que necesitas. Son muchas las personas que pierden el tiempo con tácticas de seducción que no atraerán o conservarán al tipo de persona que necesitan y que, sin embargo, parecen incapaces de cambiar su táctica.

Conforme maduramos y obtenemos más experiencia, la mayoría llegamos a comprender qué es lo que en realidad *necesitamos* en una pareja y el resultado es que somos más realistas respecto a cómo actuar para seducir a la persona apropiada. Este aprendizaje también se puede aplicar a nuestra relación de exclusividad de manera que se logren los mejores resultados.

Seducir a alguien que conocemos extremadamente bien puede ser delicioso *por* su predictibilidad. Después de todo, el sexo con alguien nuevo presenta todo tipo de peligros insospechados. ¿Lo satisfaceré?, ¿seré tan bueno como sus otras parejas?, ¿tendré un orgasmo demasiado pronto o demasiado tarde?, ¿tendré un orgasmo?, ¿qué hay de mi barriga obesa? Estos miedos tan comprensibles son insignificantes en una relación a largo plazo y en la que se tiene confianza ya que una pareja así conoce las necesidades de su cónyuge y valora incluso los aspectos aparentemente poco atractivos de uno y otro. Esta predictibilidad es una fuerza enorme para el bien en una relación estable. Como cultura, solemos dejarnos llevar por lo nuevo y lo diferente. Por este motivo, un cónyuge que ha estado contigo por diez años se vuelve con mucha facilidad un "fastidio". Es un terrible desperdicio y a la luz de la preocupación actual con el SIDA, también es de alguna manera imprudente.

Cuando alguien se me acerca quejándose de su compañero "insoportable", le señalo que lo común es que el compañero que tenemos es lo mejor, a menos que exista evidencia muy obvia de lo contrario. La mayoría de las personas haría mejor en dedicar más de sí a la relación ya existente que a comenzar de nuevo con otra. Si sólo la mayoría de las personas a punto de acabar con su relación se diera cuenta de la cantidad de esfuerzo que implica comenzar todo de nuevo, estoy seguro que tratarían con más vigor de hacer que funcionara su relación actual.

Lograrlo entraña seducirse uno a otro con frecuencia, en forma experta, única y con entusiasmo. La pareja que lo hace, mantiene vivo el romance, nunca se aburre, marcha viento en popa y es inatacable desde el exterior.

# *TODO ESTÁ EN LA MENTE*

*Los seres humanos son animales tan cerebrales que es poco sorprendente que a veces el sexo parezca más una actividad mental que física. Quizá la mente sea nuestro órgano sexual más importante, seguida por la piel. En comparación, los genitales tienen un pobre tercer lugar.*

Todos tenemos la capacidad de la imaginación y la fantasía. Desde la infancia, las fantasías y soñar despiertos ha tenido un papel vital en nuestra vida. Nuestros juegos más antiguos implicaban "simulaciones". Por supuesto, la mayoría de las personas tiene fantasías sobre casi todo tipo de temas... no sólo el sexo. Pensamos de manera similar sobre los días festivos, un auto nuevo, nuestros hijos y todo lo demás. Vivir *totalmente* dentro de los límites de la realidad es quizá inaceptable para la mayoría de las personas, y parece que necesitamos cierta forma de válvula de seguridad que nos permita escapar del mundo real.

Casi todas las personas tienen fantasías sexuales, aunque sólo sea de vez en cuando. Éstas son normales, no necesariamente son deseos o anhelos sin cumplir, ni necesariamente son un síntoma de problemas en una relación. Las fantasías sexuales pueden presentarse como talismanes repetidos y compulsivos que son esenciales para el éxito sexual, pueden ser fugaces sueños al estar despiertos, episodios nocturnos que acompañan a los sueños húmedos, o recuerdos de encuentros eróticos previos. En ocasiones, toman el lugar de la realidad cuando una actividad sería inaceptable o imposible de lograr en la vida real. Por ejemplo, muchas mujeres tienen las fantasías de ser tomadas con rudeza o incluso "violadas" aunque sólo sea por alguien a quien aman. En la vida real, estarían totalmente horrorizadas, pero en una fantasía es divertido, excitante y aceptable para ellas.

Es frecuente que la gente utilice fantasías cuando se masturba. En consecuencia, controlan conscientemente tanto el cuerpo como la psique y de esta manera logran que la experiencia sea tan agradable como sea posible. Es la razón de que la masturbación a menudo se informe como algo muy excitante en comparación con el coito: Se puede lograr que todo sea perfecto.

Para algunas personas el coito en sí es imposible sin algún tipo de fantasía, sin importar lo fugaz que sea. Es una forma perfectamente aceptable de compensar en la mente las deficiencias del compañero que tenemos en la vida real. Para algunas personas, ésta es la única forma en que pueden hacer frente al sexo; por ejemplo, el hombre o mujer homosexual que está casado y que desea seguir casado, o el individuo con una "perversión" inaceptable que sólo se puede conseguir en una fantasía.

El secreto del éxito de las fantasías es que nuestros compañeros en ellas son perfectamente apropiados para nuestro inconsciente ya que, por supuesto, son la creación de él. Siempre son atractivos para nosotros, son sexualmente competentes y entusiastas, nunca se quejan de dolor de cabeza, en pocas palabras, están idealizados. Al utilizar una pareja así podemos compensar cualquier insuficiencia en nuestra vida o incluso ensayar lo que va a suceder en nuestra relación.

---

*Esta pareja acaba de empezar un encuentro sexual físico. Quizá uno de ellos ya haya ensayado en la fantasía exactamente lo que sucederá después.*

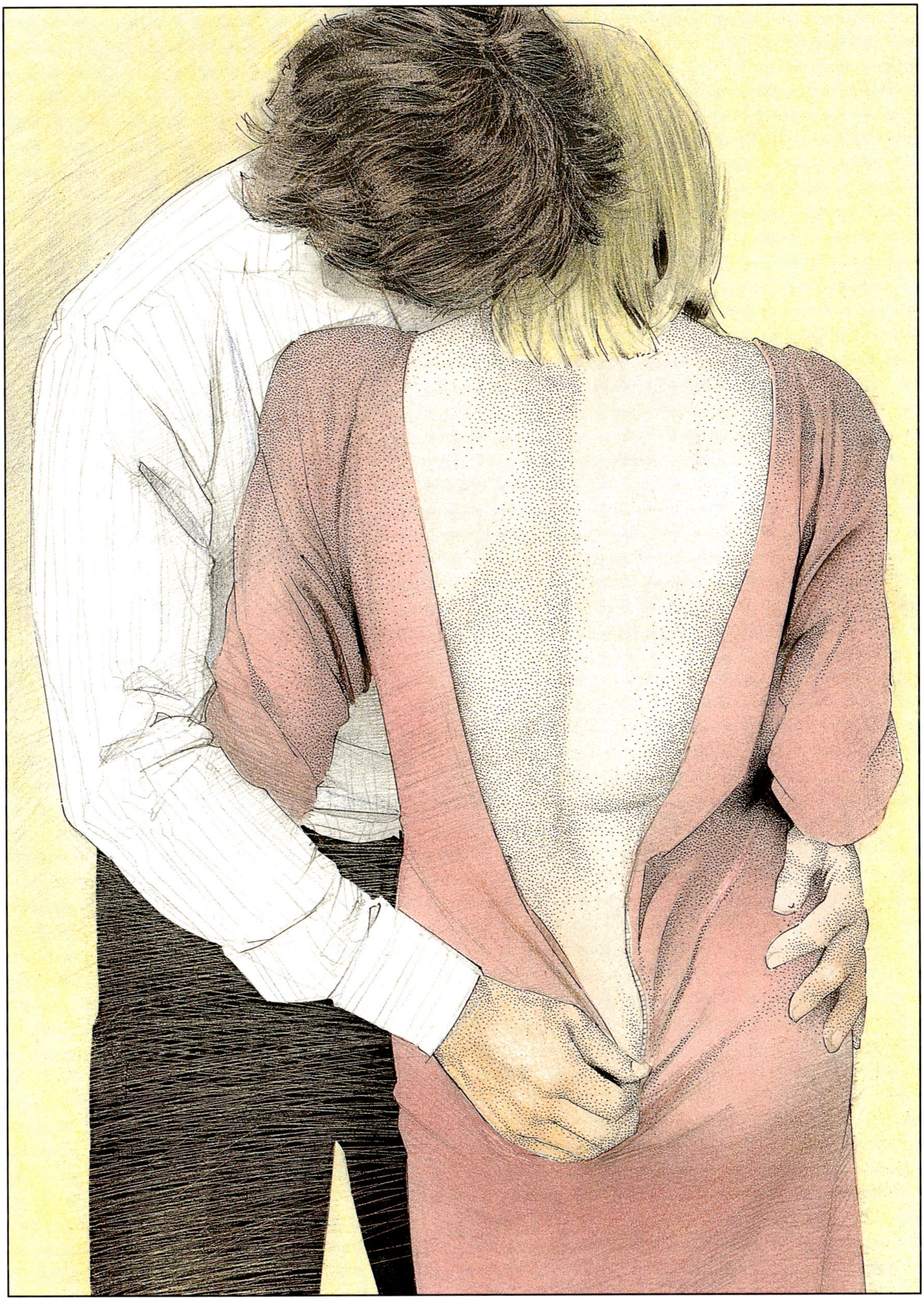

Existen tantas fantasías como individuos pero después de decir esto, existen ciertos temas recurrentes que son populares entre muchas personas. Hacer el amor en el campo o en escenarios románticos, hacer el amor con nuestra pareja, ser besado apasionadamente, que masturben a la persona o tener sexo oral con ella, todos son populares. Las fantasías más aventureras también son muy comunes e incluyen orgías desenfrenadas, intercambio de esposas y fantasías con personas del mismo sexo.

Cerca de la mitad de todas las fantasías implican un episodio personal romántico y afectuoso del pasado, si creemos en las encuestas. Las siguientes, en ser más comunes, son las fantasías exploratorias o "extrañas". Aunque es una simplificación excesiva afirmar que las mujeres son más "masoquistas" que los hombres, es verdad que más hombres tienen fantasías respecto al control y la conducta activa, mientras que las mujeres tienen más fantasías que entrañan "que le hagan a ella". Por supuesto, hay muchos puntos en que se mezclan, como sucede con todo lo que tiene que ver con los sexos. De hecho, muchos hombres dicen en sesiones de terapia que desean que su pareja se de cuenta de que les gusta que su pareja les haga cosas *a* ellos y que no quieren estar "al mando" todo el tiempo.

Entonces, ¿cuáles son las fantasías más comunes? En los hombres, el sexo en grupo, incluso si sólo significa que le hagan el amor dos mujeres, está cerca de la parte superior de la lista. La segunda área más popular se refiere a pasatiempos de mirón, como ver a una mujer en medias y ligueros, mujeres dedicadas a actividades especialmente provocativas, como desnudándose o bailando eróticamente, etc. De los dos sexos, el hombre parece monopolizar las fantasías fetichistas que entrañan objetos clave como talismanes sexuales casi mágicos. Este tipo de fantasía se presenta cada vez más en las mujeres conforme se vuelven más liberales respecto al sexo.

Las mujeres, en su mayor parte, tienen fantasías con una pareja a la que quieren, y en un cercano segundo lugar, con sexo en escenarios exóticos. Es muy popular volver a vivir un encuentro antiguo con una persona especial. Una violación, casi una violación o una fantasía que entraña algún tipo de fuerza física siempre se encuentran en un punto elevado en la lista de toda investigación de las fantasías femeninas. También es sorprendentemente común tener sexo con animales.

De los estudios parece que los hombres, en general, tienen más fantasías sexuales que las mujeres. Es dudoso si estos estudios reflejan la verdad. Si un hombre no tiene sexo en cierto momento, aún tiene muchas fantasías, pero cuando se le coloca en situaciones extremas, como en una prisión, se reduce su habilidad para tener fantasías.

La tendencia, cuando se hacen encuestas a mujeres, parece ser bastante distinta. La mayoría de las mujeres dice que no tienen muchas fantasías si no tienen sexo regular, pero que si lo tienen, tienen muchas fantasías. Por lo general, una rica vida de ensueños en una mujer es un reflejo de su actividad general, bienestar y creatividad, más que alguna falta de satisfacción con su pareja; algunos hombres interpretan mal esta situación y se sienten terriblemente lastimados cuando sus parejas les exponen su rica vida de ensueños. Un hombre sensible considera esto de una manera distinta ya que sabe que su alto nivel de fantasías se refleja en su relación y la enriquece.

¿Cómo puede una pareja utilizar sus fantasías para fortalecer y proteger su vida juntos?

- Un individuo puede practicar en una fantasía algo que esté planeando o deseando hacer en su relación. Esto no sólo fortalece el placer cuando tiene lugar en la realidad sino que ayuda a resolver cualquier detalle práctico de manera que la aventura tenga éxito en su momento.

- Las fantasías se pueden utilizar para satisfacer necesidades sexuales o eróticas en una forma inofensiva durante la masturbación si la persona sabe que su pareja no accederá a sus deseos.
- Las fantasías pueden ser invaluables para ayudar a la excitación o incluso a veces para producir la excitación cuando otros factores del medio ambiente están actuando contra el individuo. Un hombre que acaba de quedar desempleado, una madre que ha dormido poco, una pareja que está preocupada por el dinero, o lo que sea, puede, con sus fantasías, ya sea en su mente o compartiéndolas (ve la pág. 80) superar desventajas muy considerables a su "ejecución" y tener un encuentro sexual placentero y satisfactorio.
- Al proporcionar activamente las fantasías de nuestra pareja podemos ayudarla a obtener más placer del sexo. El juego de "murmurar algo en el oído" puede transformar un encuentro sexual que está fallando en un enorme éxito en unos cuantos minutos.
- La necesidad de cumplir con exigencias sexuales poco comunes o "extrañas" se puede resolver en una fantasía, quiera o no participar tu pareja. Por ejemplo, algunas situaciones, como el deseo de sexo con alguien del mismo sexo, no se puede resolver con la pareja, incluso si lo deseara.
- La fantasía se puede emplear como ayuda en la masturbación y aumentar el placer. El valor de la masturbación no se puede sobreestimar en cualquier relación afectuosa así que es útil todo lo que la mejore.
- Al tener fantasías con alguien del mismo o del otro sexo, es posible calmar tu lujuria por esa persona sin tener que tratar con ella en persona y, por lo tanto, sin tener que poner en peligro tu relación de exclusividad.
- En una fantasía podemos volver a vivir antiguos episodios románticos con nuestra pareja actual o con una anterior casi de la misma manera en que vemos un álbum fotográfico con placer.
- La fantasía también se puede emplear como una forma de método autohipnótico en momentos de aburrimiento o tensión. Algunos de mis pacientes lo hacen expertamente. Utilizan su fantasía favorita cuando están con el dentista, cuando se dirigen a un examen o a otro acontecimiento lleno de tensiones, cuando están sentados por largos periodos en un autobús o en un tren retrasado, y así sucesivamente.
- Y por último, al compartir fantasías tenemos la oportunidad de enriquecer nuestra vida amorosa juntos en una forma que nos hace estar más cerca, que en verdad seamos íntimos y que fortalece el lazo que nos une.

## Capítulo Dos

# Haz un compromiso

Conforme exploramos y disfrutamos lentamente de la personalidad del otro, nos sentimos felices y animados para llevar la relación más allá. Esto, con el paso de las semanas o los meses, nos lleva a un compromiso serio de uno con el otro... crear un vínculo que diga: "Eres especial para mí y vale la pena dedicar tiempo en una relación de exclusividad".

# *DESCUBRE LA INTIMIDAD*

*La intimidad es un concepto difícil para muchas personas (de hecho, puede tener diferentes significados, incluso dentro de una relación), de manera que difícilmente sorprende que las parejas lo encuentren difícil de comprender o incluso de discutir. Para algunas personas, significa cercanía, para otras, afecto físico, y aún para otras, un tipo de acción compartida por dos almas. De cualquier forma que lo consideres, es vital en una relación amorosa.*

Para que puedas comprender la intimidad en su sentido verdadero, primero debemos examinar el concepto del espacio personal. Esto entraña no sólo el espacio físico sino también el emocional, espiritual y el psicológico. Todos necesitamos tener un espacio personal en que seamos nosotros, incluso, o quizá especialmente, si estamos unidos a un cónyuge de por vida. No somos nuestro compañero, nunca lo seremos y sin importar lo *cercana* de la relación, es posible que nunca sea verdaderamente *íntima*. De hecho, estar demasiado cercanos es el enemigo de la verdadera intimidad, como ya veremos.

La vida moderna involucra estar junto con otras personas gran parte del tiempo, ya sea en el hogar, en nuestra relación de exclusividad, en el trabajo o al jugar. Por supuesto, somos animales sociales y necesitamos la compañía de otros, pero a menudo podemos encontrar que tenemos una vida centrada en otros o incluso viviendo por ellos. En este extremo de la escala se encuentran quienes sólo se sienten útiles cuando son de ayuda para otros. No tienen "derecho" a ser ellos mismos, o así lo creen, y el resultado es que con frecuencia no saben quiénes son. En el otro extremo se encuentran quienes son tan egoístas que *no pueden* relacionarse con otros. En alguno punto entre estos extremos es donde la mayoría necesita estar para tener una vida saludable y satisfactoria.

El espacio personal es más un concepto interno que físico. Es posible experimentarlo en una habitación atestada o en un tren lleno de gente. Esto se debe a que tiene poco que ver con la presencia de otras personas y todo que ver con la forma en que nos vemos. Un individuo que está en paz consigo mismo puede disfrutar de su espacio personal y valorarlo.

Si tuvimos amor materno aprendimos como bebés a valorarnos. Una buena madre ayuda a su hijo a sentirse a gusto consigo mismo, a sentirse apreciado y amado, no por lo que el niño hace o no hace sino simplemente porque es quien es. El llamado amor incondicional hace que las personas crezcan felices y merecedoras de un espacio personal. Si amo incondicionalmente a mi cónyuge, le permito ser totalmente ella... no algo que necesito que sea si no es la respuesta a *mis* necesidades. La experiencia de ser amado trata en su totalidad de ser totalmente uno, no de ser lo que otros piensan o necesitan que seamos.

En mi experiencia, y en la de la mayoría de las personas que laboran en este campo, la mayoría de los problemas emocionales de la infancia surge por un amor deficiente. Los hijos que son amados con la condición de que se vuelvan como sus padres desean, crecen teniendo dificultades con el concepto de espacio personal. Al principio de la vida aprendemos a confiar y a temer el estar separados de la madre que nos cuida. Pero la acción misma de depositar nuestra confianza en otros nos hace vulnerables a que nos desilusionen y lastimen quienes nos aman. Esto es, lamentablemente, parte del juego de amar y ser amados ya que no podemos estar seguros que otro ser humano *nunca* nos va a desilusionar. De esta forma aprendemos a temer que nos rechacen, en especial si tenemos experiencias de la infancia de esta situación y este miedo puede impedirnos ser capaces de amar. El miedo a la soledad nos impide formar vínculos amorosos sanos e, irónicamente, hace que estemos más solitarios. Así que como bebés aprendemos a experimentar nuestro espacio personal y conforme crecemos y llegamos a ser adultos, nos damos cuenta de que podemos funcionar alegremente en ese espacio, tan sólo por ser nosotros mismos.

Depositar la confianza en alguien significa que nos volvemos vulnerables, algo que sienten que es peligroso muchas personas. Sólo es peligroso si en realidad al ser vulnerable se te somete a abuso o se le usa mal, ya sea en lo físico o en lo emocional. Esta es la experiencia de muchas personas, algo que por lo general se remonta a la niñez. Confiaron en sus padres, normalmente en su madre, y los desilusionó por alguna razón, quizá totalmente fuera de su control. Cualquiera que haya sido la razón original, tales personas pueden crecer creyendo que sin importar qué tanto les diga alguien que las ama, aún se pueden desilusionar.

Tener la habilidad de ser en verdad vulnerable con nuestra pareja es básico para el concepto de intimidad. Entraña crear una profunda confianza mutua, de manera que todas las heridas del pasado y las lecciones dañinas de la niñez se puedan desaprender. Esto requiere tiempo, amor y esfuerzo, y a menudo puede resultar ser una barrera a la verdadera intimidad. La mayor parte de formación de esta confianza se produce a nivel inconsciente, y por consiguiente, es difícil o incluso imposible abordarlo con racionalidad, a menos que se encuentre ayuda profesional. Muchas de las parejas que trato tienen problemas, la confianza y la intimidad están en el centro de sus problemas, y sin embargo, nadie lo ha expresado de esta forma. Una vez que se plantea el tema y se dan pasos para corregir la situación con amor, son sorprendentes las transformaciones que pueden tener lugar.

Para la mayoría de las personas, la palabra intimidad tiene relación con la cercanía sexual o física, pero tiene que ver con mucho más que eso. Puede involucrar eso, y a menudo es así, pero es considerar la intimidad en una forma muy estrecha y puede producir verdaderos problemas prácticos en la vida cotidiana; la intimidad no es sólo una idea de la teoría psicológica. Si tengo intimidad con mi pareja, significa que puedo ser en verdad yo en el mismo espacio que ella, mientras es verdaderamente ella. Este "estar en contacto con alguien en mi espacio" me permite estar en contacto conmigo mismo. En otras palabras, las experiencias más profundas de ser uno mismo tienen lugar cuando compartimos un espacio con alguien en esta forma incondicional.

Esta definición de intimidad no significa que tengo que estar físicamente cerca de mi pareja todo el tiempo; por el contrario, tal cercanía puede ser enemiga de la verdadera intimidad. Al estar *cerca*, muchas parejas nunca permiten a su compañero ser él mismo... siempre actúan como parte de un sistema de dos personas que sofoca la intimidad; están demasiado cerca.

Por lo tanto, aprender a tener intimidad es aprender a permitir que nuestro cónyuge sea él mismo y a tener un espacio personal en el cual descubrir nuestro ser. Esto conlleva la situación paradójica de tener que estar separados para en verdad tener intimidad. La pareja que puede tolerar la separación, que permite a su compañero tener su propio espacio personal, es la más capaz de tener en verdad intimidad. El verdadero amor es dejar ir y no sujetar al cónyuge, sin importar lo inconscientemente que se haga, de manera que podamos *poseerlo* de alguna forma.

La mayor parte de esto parecerá más bien improbable al principio, si los conceptos son nuevos para ti, pero si lo pones a prueba en la práctica, descubrirás que funciona. Anima a tu pareja a hacer algo por sí misma, interésate pero no la dirijas. Anímala a formar un espacio personal y acepta el hecho de que es única en sí misma, no sólo como una extensión de ti o como la mitad de una "pareja". La liberación que esto causa puede ser sorprendente.

Por supuesto, toda separación se debe mitigar con una cantidad correspondiente de unión, y existen pocas maneras mejores que yo conozca para que una pareja encuentre esta unión y aprenda a estar en intimidad, que en unas vacaciones sensuales. Pueden durar cualquier tiempo, desde una tarde hasta una semana, tiempo que ambos puedan dedicar a estar juntos, a redescubrirse uno al otro, lejos de las realidades de la vida cotidiana. Puedes tomar tus "vacaciones" en el hogar por una tarde, con una comida especial, o puedes ir a un hotel para pasar el fin de semana. Prepárate con cuidado para la ocasión y por turnos hagan los arreglos de manera que ambos tengan la oportunidad de dirigir lo que se haga. El secreto es volver a la conducta de cortejo y tener verdadero placer en probar nuevas situaciones, tanto dentro como fuera de la cama. Crea entusiasmo para unas vacaciones de fin de semana el hacerse uno a otro promesas que puedan cumplir en ese día. Algunos buenos ejemplos son, desayunar en la cama, un masaje en el momento en que lo desees, una actividad sexual que elijas, una fantasía que se actúe de acuerdo a tus instrucciones o un pasatiempo favorito, como ir a ver una película o a una galería. El aproximarse lentamente a las vacaciones puede ser tan excitante como el suceso en sí.

Podrías querer hacer un acuerdo de no tener sexo el primer día. Tratar de respetarlo puede ser divertido, ¡pero muchas personas se rinden para la hora del desayuno! Sin importar lo que hagas, emplea el tiempo para hablar y compartir, para *estar* juntos más que para tener algo qué *hacer*. Sólo salgan a dar un largo paseo, a sentarse en un campo, o a recostarse en la cama y quedarse callados. Abrácense y comuníquense de alma a alma con sólo *ser*. Gran parte del tiempo también estarás *haciendo* y hablando, pero asegúrate de que no se abrumen uno al otro por tener demasiadas actividades. Tus vacaciones sensuales no necesitan estar centra-

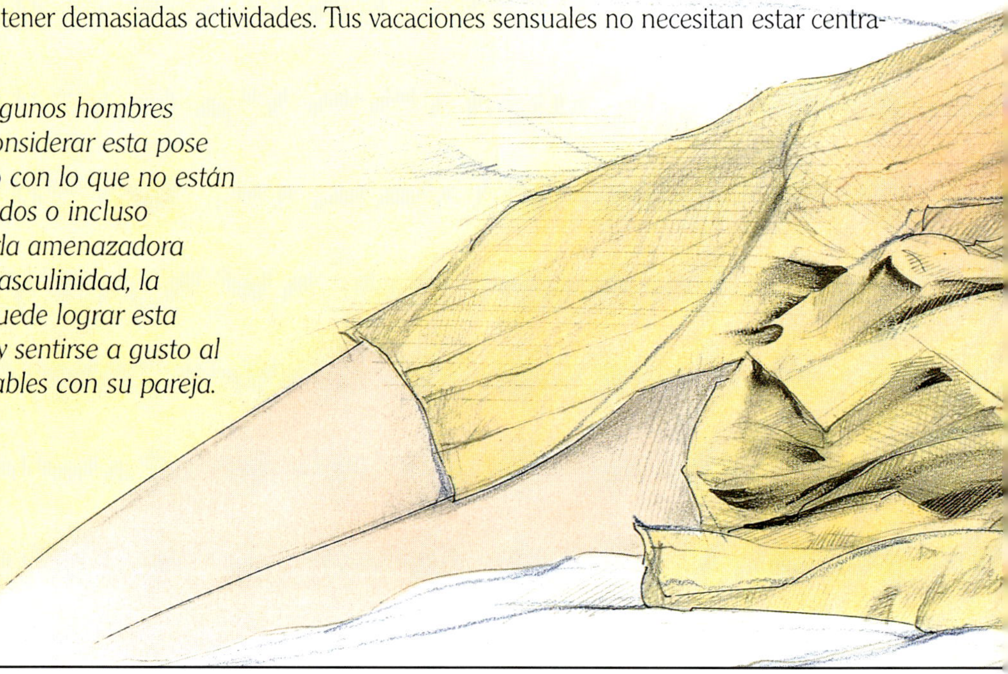

*Aunque algunos hombres podrían considerar esta pose como algo con lo que no están familiarizados o incluso considerarla amenazadora para su masculinidad, la mayoría puede lograr esta intimidad y sentirse a gusto al ser vulnerables con su pareja.*

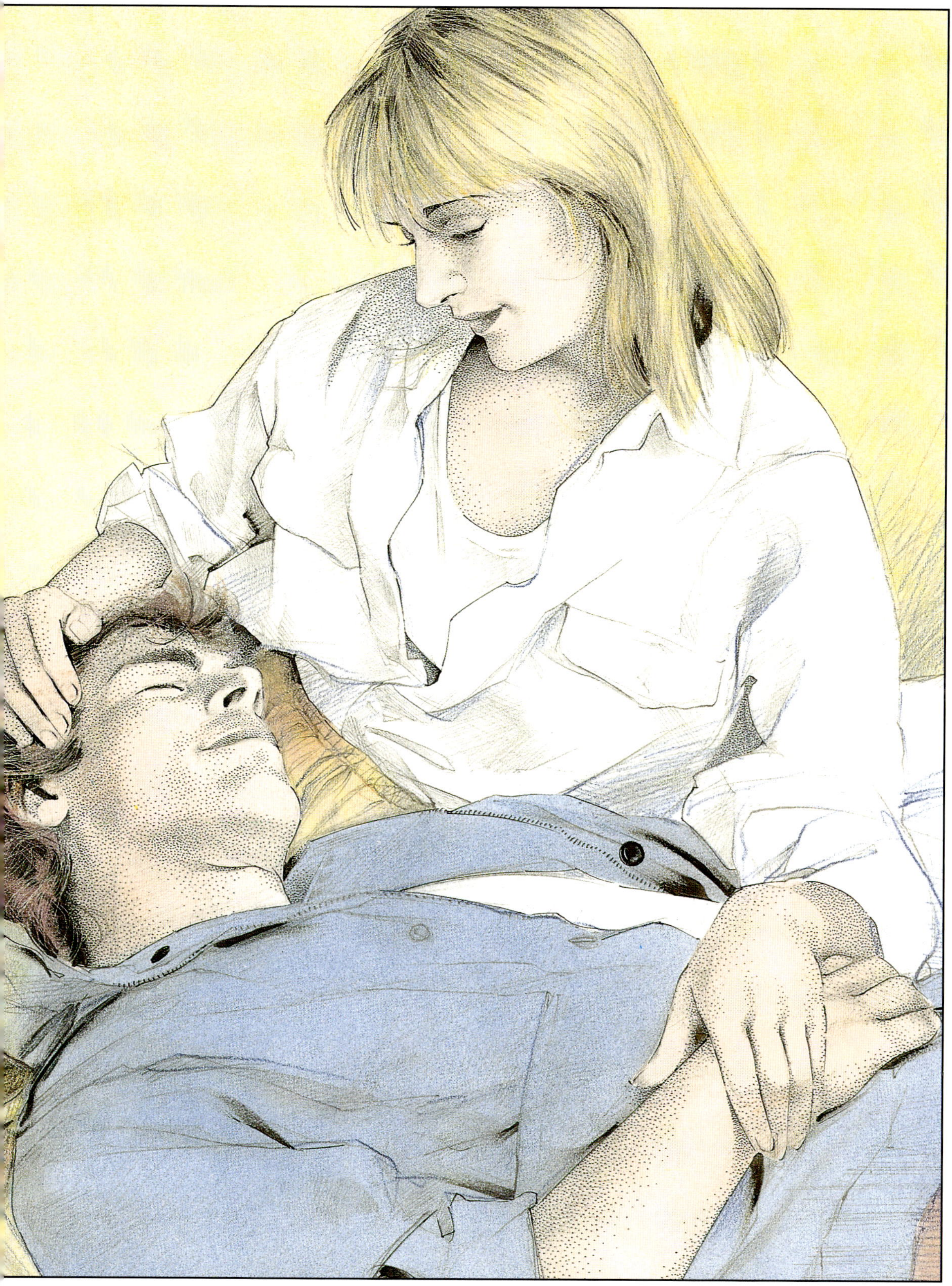

das sólo en sexo y romance, ir a una galería fotográfica, de compras juntos para buscar algo especial, pasar el día navegado o escalando, o hacer algo que de otra manera nunca harías puede ser igual de valioso. Esos tipos de actividades aseguran que no pases demasiado tiempo dando vueltas a la relación o estés demasiado absorto en "discusiones significativas". Esto puede ser perjudicial para la intimidad que debe estarse fortaleciendo entre ustedes. Es obvio que es un asunto de lograr el equilibrio correcto y lo que estoy tratando de animarte a hacer es una mezcla de hacer y ser, y de introspección y divertirte. Si lo comprendes correctamente, tus vacaciones habrán sido más que sólo un cambio y un descanso.

Cuando vuelvan a casa, discutan qué funcionó y qué no, y de inmediato planeen otras vacaciones de manera que puedan esperarlas con interés. No necesitan costarte demasiado y los resultados son fabulosos. No sólo son tranquilas en un mundo atareado sino que proporcionan a los miembros de la pareja la oportunidad de compartirse ellos mismos y tan sólo estar juntos en una forma que es difícil o imposible en otras circunstancias. Es una verdadera inversión en tu relación.

A menudo se dice que los hombres encuentran más difícil estar en la intimidad que las mujeres pero no es así en mi experiencia profesional. Es verdad que a muchos hombres les resulta difícil *comenzar* a estar en la intimidad pero esto se debe a que educamos a los niños para que piensen que este tipo de asuntos es para afeminados. Un "hombre de verdad" es macho y tiene sexo de inmediato, según nuestra cultura, no se sienta para *ser* con su pareja. Por supuesto, esto es una parodia de la verdad ya que los hombres están muy interesados en el romance, la intimidad y el amor. En la práctica clínica encuentro que en cuanto "doy permiso" para que se expongan estos temas, la mayoría de los hombres se sienten tan cómodos como las mujeres. Es verdad que a la mayoría de los hombres les parece difícil abrirse respecto a la intimidad con tanta rapidez como muchas mujeres, pero esto simplemente se trata de lograr hacer algo con lo que no están familiarizados, más que una incapacidad congénita.

Un hombre que se siente incondicionalmente amado y deseado por su pareja, por lo general tiene pocas dificultades para abrirse y ser él mismo dentro de la relación. El mito de que las mujeres tienen el monopolio de los sentimientos ha dañado mucho las relaciones exclusivas y disuade a muchos hombres de siquiera intentarlo, lo que es una pérdida para su pareja. Ciertamente es muy fácil *in*capacitar a un hombre en esta área y al principio se requiere cierto esfuerzo para *re*capacitarlo, pero es una inversión que bien vale la pena hacer. Con estímulo, la mayoría de los hombres se vuelve muy capaz.

Lo que hace al sexo y al matrimonio tan fascinantes para que trabaje en ellos, es que el verdadero coito puede ser, desde mi punto de vista, la experiencia máxima en comunicación e intimidad en una pareja. De hecho, en un mundo que en su mayor parte es ateo, podría ser lo más cerca que muchas personas llegan a una experiencia espiritual. Por desgracia, muchas parejas pasan la vida copulando, apareándose más que teniendo una relación sexual, y así pierden la verdadera intimidad sexual, ya no digamos la espiritual. Aunque podría parecer confuso hablar de copulación y relación sexual como si estuvieran separadas por años luz, mi experiencia indica que es verdad que son muy diferentes, en especial cuando se considera la intimidad en cualquier forma realista.

El viaje de la copulación a la relación sexual comienza fuera de la cama, con una mejor comunicación en general. Una pareja que no puede compartir su ser real siempre se apareará en lugar de tener relaciones sexuales, las cuales, después de todo, son una actividad altamente personalizada y a la medida de los individuos que participan. Es esencial el compromiso no abarca sólo los genitales sino toda la personalidad de la pareja; es parte de todo el estilo de vida de una pareja, más que un "suceso" aislado; las necesidades de los cónyuges son muy importantes; invoca visión e imaginación; mejora con el tiempo; aumenta el valor del compañero; los horizontes son ilimitados; se adapta bien a los fracasos ocasionales; se basa en la autorevelación y la intimidad; se basa en una conciencia desinhibida de las posibilidades; y es la inversión de toda una vida.

La copulación no es *ninguna* de las acciones anteriores y sin embargo, puede ser agradable de tiempo en tiempo dentro de una relación amorosa e íntima. La noción del "acto sexual perfecto" es un mito dañino e incluso las parejas con mucha experiencia, que en verdad pueden tener una gran intimidad, quizá sólo tengan "sexo mágico" tres o cuatro veces de cada diez. Considerada desde este punto de vista, la copulación siempre está disponible y la relación sexual es trivial en una relación que en verdad es íntima. Sin embargo, incluso cuando una pareja así no tiene sexo, aún funciona a un nivel de intimidad que es gratificador y único de ellos. Esto reduce la presión de las actividades genitales y algunas parejas así pueden pasar largos periodos sin que suceda nada a nivel genital, lo que la mayoría llamaría a nivel "íntimo".

Entonces, la intimidad es algo de lo que cada pareja se puede beneficiar si la cultiva. Implica un nivel de falta de egoísmo, de amor centrado en otro y de comunicación espiritual que no es probable que se alcance a nivel universal. Sin embargo, muchas parejas con las que he tratado están sorprendidas por lo que es posible una vez que se ensanchan sus horizontes y aumentan sus expectativas.

Pero la mayoría encontramos difícil mejorar de repente la intimidad. Se necesita práctica y oportunidad, como sucede con la mayor parte de la vida romántica y sexual. A menos que creemos oportunidades en que pueda tener lugar, la intimidad nunca se desarrollará. La vida moderna hace que a menudo sea difícil la verdadera intimidad, aunque sólo sea porque para aprender a vivir en intimidad necesitas pasar mucho tiempo con tu pareja y comunicar adecuadamente los temas que importan. La pareja cuya vida está llena a rebosar con otras presiones terrenales tiene poca o ninguna energía y tiempo para dedicarlos a estar en la intimidad. De hecho, según mi experiencia, muchas parejas así fomentan este tipo de estilo de vida para evitar la verdadera intimidad. Las parejas de este tipo a menudo actúan *juntos*, ya sea como pareja o con su familia o amigos, y sin embargo, nunca tienen verdadera intimidad. En el otro extremo de la escala se encuentran las parejas que *tienen* una gran intimidad y que se las arreglan para mantener este sentido de intimidad sin que en realidad compartan mucho la compañía del otro cónyuge.

Como ya he señalado, la intimidad exige dedicar un tiempo sustancial a estar juntos y compartir, mientras la fortaleces, y sin embargo, una porción de lo realmente importante que se comparte tiene lugar en un nivel de inconsciente a inconsciente en una pareja que está sintonizada y que comienza a ser verdaderamente íntima. A menudo, hay más intimidad en el silencio de compartir un panorama hermoso o un suceso especial que en horas que se pasan hablando al respecto; sin embargo, para empezar, la mayoría de las parejas descubre que necesita hablar de todo para poder comunicar sus sentimientos con sinceridad. Después es algo más intuitivo y en muchas ocasiones las palabras son casi redundantes.

La evolución de la intimidad pasa por ciertas etapas, cuyo número y complejidad varía mucho de pareja a pareja, de acuerdo a sus antecedentes y a su habilidad para intimar. Para algunas parejas el vínculo del compromiso de exclusividad es la primera oportunidad en su vida para que tenga lugar la intimidad. Para ellas, las cosas suelen marchar con lentitud conforme aprenden a confiar uno en el otro. Para otros, con diferentes tipos de antecedentes, la intimidad ya es parte de su personalidad y todo avanza rápidamente. Por supuesto, podemos casarnos con alguien que tenga un modelo muy diferente de intimidad del nuestro y estar molesto por esto el resto de la vida, a menos que busquemos ayuda de una fuente externa.

Espero que como con muchos otros capítulos de este libro, el lector se pueda juntar con su pareja y comentarlo para descubrir qué piensa cada uno que es la intimidad y qué, como resultado de leer este capítulo, podrían hacer para enriquecer su vida en esta área. Me parece que la intimidad es un tema muy difícil de discutir para la mayoría de las parejas, mucho más exigente que todo lo relacionado con el sexo. Es difícil decir que no eres la mejor pareja sexual del mundo pero es mucho más difícil hacer frente al hecho que tu pareja no cree que puede intimar contigo, así que es mejor tener cuidado al interpretar lo que escuches.

La intimidad no se puede fabricar en una relación pero espero que después de trabajar en este capítulo con tu pareja, estarás mejor equipado para pensar en el tema bajo una nueva luz.

*Esta pareja tiene intimidad física, pero, ¿también podrá compartir su alma? Estar cómodo con nuestro cuerpo es parte de una verdadera vulnerabilidad; también implica una sensación de seguridad emocional y confianza en nuestro cónyuge.*

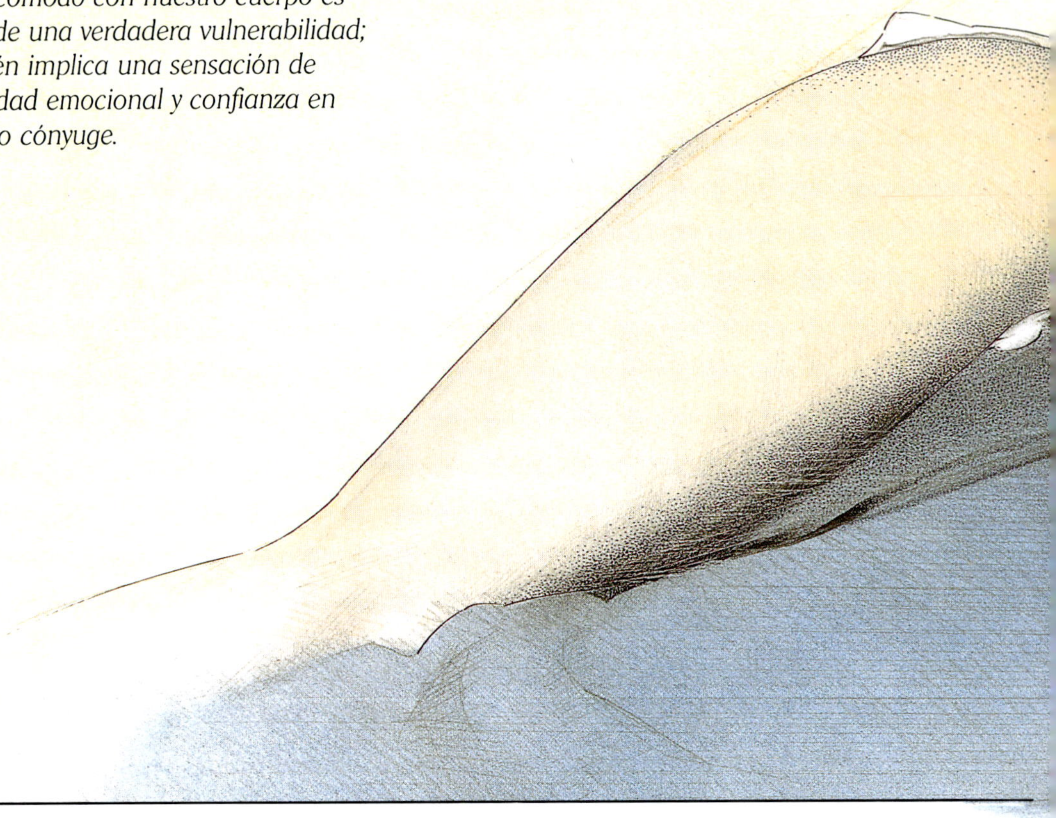

# *AMOR, SEXO Y ROMANCE*

*Las palabras amor, sexo y romance se pueden definir de muchas maneras distintas, y es un hecho que así ha sucedido. Es una lástima que para muchas personas todas signifiquen lo mismo y que sean términos intercambiables. Que esto signifique desaprovechar mucho es el tema de este capítulo.*

Tal vez una de las tareas más difíciles que enfrentan los novios recientes es la de combinar sus necesidades y sentimientos de amor, sexo y romance. Todos necesitamos amar y ser amados, y aprendemos a hacer esto en la infancia. El amor que recibimos de nuestros padres y de otros hace que nos sintamos queridos, valiosos y útiles, y nos enseña a estar cómodos con nuestro cuerpo. El afecto físico es sólo una parte de esto, aunque una parte muy importante. Una y otra vez, como terapeuta, me encuentro trabajando con individuos para los que todo esto es como un lenguaje extranjero. En realidad nunca se han sentido amados, no pueden amar y no les gusta tocar o que los toquen.

Es casi imposible definir el amor, pero si juzgamos de acuerdo a lo que la gente *hace* con lo que ama, es claro que se preocupa por ello, quizá lo guarda celosamente, y se interesa por su bienestar. Dos de los tres puntos están centrados en otro, pero el componente de los celos está centrado en uno mismo. Tal vez no sea algo malo ya que instintivamente deseamos proteger lo que es valioso para nosotros y así asegurarnos que no es presa de otros.

Estar "enamorado" es algo totalmente distinto; es una emoción en que se idealiza a la persona amada, se le pone en un pedestal, y se decide que es la única para nosotros; nuestro amor durará para siempre. Es como una enfermedad por la forma en que nos incapacita. Nadie debería escoger una pareja o, de hecho, ¡hacer algo más cuando se encuentra en este estado de desequilibrio mental! Una vez que las realidades de la vida le llegan, poco a poco la pareja idealizada llega a ser aceptada como un verdadero ser humano y se le puede ver como es. Durante las primeras etapas de estar "enamorado", nuestra pareja es lo que definimos que debe ser, lo que *nosotros* necesitamos que sea, no necesariamente lo que en realidad es.

Conforme empezamos a perder esta forma idealizada de amor, nos liberamos para ver a la otra persona como un ser humano único, más que como un reflejo de nosotros y de nuestra necesidad inconsciente; ahora es posible el verdadero amor. Lo bien que negociemos este viaje emocional particular depende casi por completo de la forma en que nos criaron, del tipo de relación que nuestros padres tenían, del punto de vista cultural que hemos adquirido y de mucho más. Algunas personas nunca hacen frente a la transición de estar "enamorado" al verdadero amor y lo averiguan en cuanto piensan que ya no aman a su pareja y la abandonan, para encontrar el "verdadero amor" con alguien más. Esto a menudo tiene una fuerte relación con la inhabilidad para tener verdadera intimidad, un tema que examinamos en la página 30.

Conforme el amor crece en una buena relación, ambos compañeros se permiten uno a otro crecer, encontrarse a sí mismos, cambiar y lograr lo máximo de su personalidad. Este papel de facilitar el mejoramiento de los enamorados es, desde mi punto de vista, una de las señales del *verdadero* amor en su sentido más extenso y espiritual.

El sexo se ajusta a todo esto porque es una forma que tenemos para demostrar nuestro amor. Tener intimidad física con alguien nos devuelve a nuestro primer vínculo de amor en la cuna, cuando nuestra madre nos cuidaba, nos apreciaba, respondía a nuestras necesidades, nos hacía sentir con confianza y seguros, y cuando lo que más le importaba era nuestro bienestar. Todo esto puede ser recreado por quienes hacen el amor, según mi definición de la frase (ve la página 34). En realidad, la relación sexual es, en su mayor parte, una regresión a la infancia y sus placeres. Existen muy pocas ocasiones en la vida de adulto en que podemos ser totalmente nosotros, tener una confianza total y libre, en que nos sintamos amados, en que toquemos y nos toquen, en que proporcionemos y recibamos deliciosas sensaciones eróticas. Ser capaz de hacer todo esto en un solo momento, como se puede lograr en la relación sexual, es un placer en verdad poderoso. Si además de todas estas sensaciones corporales, también podemos sentir una sensación más profunda de satisfacción espiritual, creamos un vínculo que trasciende casi todo lo demás que experimentamos como humanos.

En este contexto, el sexo es un tipo de pegamento físico, psicológico y espiritual que une a una pareja. En mi experiencia como terapeuta marital, el buen sexo *puede* mantener unidas a las parejas, incluso si su vida está muy trastornada por sucesos fuera de su relación. Es sorprendente lo poderosa que puede ser la combinación de amor y sexo... parece poder superar casi cualquier adversidad.

Al compararla con este tipo de vínculo y sus recompensas, la diversión de la promiscuidad o incluso de la aventura poco frecuente palidece hasta la insignificancia. Este tipo de encuentros pueden tener una atracción temporal, pero dentro de la relación de exclusividad, la pérdida puede ser grande... quizá para siempre. Una vez que se pierde la confianza, se necesita reconstruir, incluso con personas muy confiables, pero si el conocimiento de la aventura ha estado unido a contagiarse de una enfermedad venérea, quizá con efectos adversos en el compañero "inocente", la relación puede estar seriamente amenazada.

El romance es un tema al que pocos terapeutas parecen dar importancia, lo cual me parece fácil de entender porque el tema es muy difícil. Es mucho más fácil lograr que la gente hable libremente de su vida sexual que sobre sus conceptos del romance. Sin embargo, la ficción romántica es una vasta área de publicaciones y que crece en popularidad entre las mujeres de todas las edades y de todos los grupos sociales. Es claro que existe una necesidad real entre las mujeres por el romance, una necesidad que, a menudo me dicen, no se satisface en nuestra vida cotidiana. La mayoría de los hombres, para efectos prácticos, no se pueden expresar en el tema del romance, pero es posible, después de un tiempo, animarlos a expresarse y a ser tan entusiastas al respecto como las mujeres.

El amor romántico emerge fuertemente al final de la adolescencia, conforme madura el estado de la adolescencia media de estar enamorado de sí mismo. Ahora, el joven trata de encontrar una pareja ideal a la cual dedicar todo este exceso de amor. Cuando se escoge a un ser amado, por primera vez se unen los sentimientos de amor y las nociones del sexo.

En este punto, el amor romántico aún tiene mayor relación con uno que con la persona amada. El individuo está preocupado por sus propios sentimientos, lo que al principio podría parecer extraño ya que el romance parece estar centrado en la otra persona. Quienes están en esta fase del amor romántico, escriben poemas al respecto, le cantan y escriben cartas a su ser querido. Tanto en la ficción como en los hechos, este amor romántico está acosado por ansiedad, anhelos e incluso depresión. A esto es a lo que se refiere la gente cuando hablan de la "agonía de estar enamorado". En un sentido, el dolor es una parte real del amor romántico. Algunas mujeres nunca pasan de esta etapa y continúan siendo reinas de la tragedia toda su vida. A menudo, tienen muy buenas relaciones pero las estropean, en forma totalmente inconsciente, por supuesto, al crear traumas que sienten son necesarios para completar su concepto de amor romántico. Debe contener dolor y sufrimiento.

Pero esta fase de la adolescencia no dura para siempre en la mayoría de nosotros; aprendemos de ella, nos volvemos menos egoístas y más realistas. A menudo los padres y otros adultos se burlan del amor "infantil" o de "adolescente" pero todos tenemos que aprender, y avergonzar a los jóvenes, como algunas personas hacen, es lastimarlos innecesariamente en un momento en que son especialmente vulnerables.

Sin embargo, no todo el romance es inmaduro o "malo". Por el contrario, es una parte valiosa de las relaciones maduras, amorosas y atentas, que la mayoría ignoramos a nuestro riesgo. La diferencia es que en una relación madura el romance se *añade* poco a poco, en lugar de ser lo más importante del asunto. De esta forma, aceptamos a nuestra pareja en su verdadero ser y tenemos las ventajas del romance. Casi es imposible invertir esta situación con éxito.

De acuerdo a la mayoría de los estudios, la porción romántica del matrimonio disminuye con el tiempo. Algunas personas, en especial las mujeres, dicen que esto significa que el amor en sí ha dejado la relación. Esto no necesariamente es así, una mujer así buscará una nueva pareja, por lo general, después de "desamar" a la actual; o pide directamente el divorcio. Los hombres que se desilusionan por la pérdida del romance, tienen aventuras amorosas del tipo de "mi esposa no me comprende" o dedican cada vez más tiempo a los pasatiempos o a su trabajo. Después, lo que sucede comúnmente es que empiezan a castigarse uno a otro, quizá empleando el sexo, y pronto muere el amor que se tenían.

No es necesario que muera el romance con el paso de los años. Mantenerlo vivo puede ser divertido y gratificador, y continuar cortejándose es una forma segura de lograrlo. Sin embargo, por mucho, la mejor forma es hacer el amor de manera excitante y satisfactoria. Cuando tenemos buen sexo, volvemos a la infancia y al final de la adolescencia, y volvemos a despertar los ideales románticos de la adolescencia. Al volver a sumergirnos en los maravillosos sentimientos de amor, compromiso y estima por nuestra pareja, los efectos se derraman a la vida en común fuera de la cama. Llenarse de romance con regularidad al hacer el amor puede ser todo lo que muchas parejas necesitan, pero otras descubren que disfrutan enriqueciendo su vida romántica; dar y recibir presentes "sin una razón"; ser excepcionalmente atento y bondadoso con la pareja; aprovechar toda oportunidad para mostrar su amor uno al otro en formas no genitales; besar y abrazarse más; compartir intereses y pasatiempos; telefonear sin otra razón que decirle "te amo"; dejar pequeñas notas diseminadas por la casa, en donde las encuentren; salir juntos como si estuvieran en una de las primeras citas; pensar en cómo podrían mejorar su apariencia; o dedicar tiempo a disfrutar de unas vacaciones sensuales. Las vacaciones pueden ser una fuente maravillosa de romance. Las examinamos más a fondo en la página 32.

---

El contacto de la piel con la piel en una relación íntima a menudo dice más sobre el amor, el sexo y el romance que todas las palabras del mundo.

Muchas mujeres se quejan de falta de calidez en su relación y muchos hombres de que se ha ido la chica que amaban en forma tan intensa y romántica, pero esto a menudo es producido por definiciones discrepantes de lo que en realidad *es* romántico. Por lo general, hombres y mujeres consideran que las sugerencias que se esbozaron antes son románticas, pero una vez que se sale de esta lista algo restringida, el romance está cada vez menos definido. Para los hombres, el romance parece incluir una relación continua, leal, dedicada, sin problemas, confiable, y sexualmente satisfactoria y exclusiva. Para las mujeres, las connotaciones románticas de su relación están ligadas con mayor frecuencia al escenario y a las situaciones. Una mujer con frecuencia se refiere a una comida particular, a un hotel, a un tema musical o a una sesión memorable de hacer el amor, cuando habla de romance. Comunicarse con respecto al romance puede ser un problema ya que a la mayoría de las personas les parece vergonzoso hablar del tema, después de su adolescencia (donde es posible que aprendieran a avergonzarse, por principio de cuentas). Algunas personas comentan que si tuvieran que decir a su pareja cómo ser romántica, todo atractivo se pierde; su compañero de alguna manera debe "saberlo". Por lo general, las discusiones amorosas superan estos problemas y una pareja sensible encuentra un camino que satisface a ambos.

Entonces, tiene sentido tener cuidado de no asumir que las ideas de romance de tu compañero son las mismas que las tuyas. Presta atención a lo que desea y necesita si quieres que su vida juntos sea romántica según la definición de ella. Lentamente, y tal vez con cierto esfuerzo, podrán mezclar sus ideas de romance de manera que ambos estén encantados la mayor parte del tiempo, aunque sea por algo distinto. Recuerda que la diferencia puede ser absolutamente tan deliciosa como la similitud en el romance.

Los problemas con las definiciones atormentan nuestra vida amorosa ya que no sólo tenemos diferentes opiniones sobre lo que es el romance sino también sobre lo que en realidad es el amor y, de hecho, el sexo. Me refiero a algo como "un hombre que en realidad me amara haría (o no haría) eso". A menudo tengo que pasar mucho tiempo animando a parejas para que definan lo que creen que quieren decir con estas palabras tan emotivas.

Incluso el sexo está sujeto a una miríada de definiciones conflictivas en una relación. Para algunas personas, significa coito, para otras todo tipo de actividades sexuales y sin embargo, para otras es otra palabra para decir amor. Un gran número de personas de ambos sexos, pero en especial las mujeres, creen que el sexo debe ir unido al amor. Si no es así y quieren sexo, inconscientemente deducen que tienen algún tipo de "amor" y lo manifiestan, de manera que puedan tener una excusa para sus necesidades genitales. La confusión en este caso es muy visible para mí cuando trato con personas que están teniendo una aventura. Es mi opinión que la mayoría de las mujeres buscan aventuras creyendo que están buscando amor y encuentran sexo, y que la mayoría de los hombres que tienen aventuras creen que están buscando sexo y encuentran amor. Sin importar cómo suceda, todos nos beneficiaríamos enormemente al examinar con más honestidad la forma en que pensamos en estas áreas de nuestra vida y tratáramos de separarlas una de otra.

Ordenar asuntos tan complejos puede ser difícil; una técnica que me parece útil es pedir a las parejas que se vayan a su hogar y escriban las definiciones de cada una de las palabras. Después se les pide que escriban la que creen que es la definición de cada una de esas palabras de su pareja. A continuación, cada uno tomará una definición, por turnos, y dirá cómo le gustaría cambiar algo en su vida para que cada área llegara a ser perfecta, o lo más cerca de serlo.

Luego de hacer esto, sugiero que intercambien sus notas y que lean lo que el otro escribió; así que esto abre el tema a la discusión. Por supuesto, esta exploración puede tener lugar en forma más abierta y menos peligrosa en un ambiente terapéutico, pero con cuidado, una pareja podría enfrentar la misma tarea en casa.

El principal peligro, cuando se discuten áreas tan personales, es que te pongas a expresar vejaciones, o peor aún, cuando empiezas a darte cuenta de lo diferentes que son los puntos de vista de tu pareja. El secreto del éxito es escuchar tanto como hables y recordar que lo que tu pareja dice podría no ser su última palabra en el tema. De hecho, podría ser su *primer* pensamiento, quizá expresado en forma vacilante e inexperta. Después de todo, pocas personas alguna vez llevan a cabo esta tarea juntas en la vida. Esta actividad de revisar las ideas se debe llevar a cabo con delicadeza y afecto conforme cada uno avanza con cautela y trata de descubrir los puntos en común entre ambos.

Tras completar una discusión de este tipo, escribe una lista de los aspectos en que han logrado ponerse de acuerdo. Esto termina la sesión en forma positiva y les ayuda a comprender qué tanto tienen en común, sin importar cuánto también encuentres en lo que están en desacuerdo. Prepara otra reunión lo más pronto posible para recomenzar en el punto en que lo dejaron, de manera que puedan preparar más temas en los que habrás tenido tiempo de pensar.

No tenemos libros escolares, sólo unos cuantos libros y casi ningún curso para después de la boda en que busquemos estos difíciles asuntos, de manera que la mayoría de las parejas que desean explorar las ideas de este tipo, por lo general descubren que no lo logran o que hacen lentamente sus propios descubrimientos con el paso de los años.

Muchas veces puede ser útil discutir los temas del amor, el sexo y el romance con un amigo muy cercano, si tienes uno. Al lanzar ideas a alguien distinto, es común que podamos ver el punto de vista de nuestra pareja en una forma más equilibrada y volver a nuestra siguiente conversación con ideas nuevas, o al menos con mayor comprensión y una postura positiva.

Como las palabras amor, sexo y romance tienen un peso tan fuerte y son tan difíciles de definir, no es sorprendente que muchas parejas tengan muchas dificultades para siquiera hablar al respecto. Sin embargo, me parece que incluso dedicar un poco de tiempo a la discusión puede limpiar el aire en una relación y resolver todo tipo de aspectos mal entendidos por largo tiempo.

Muchas parejas tienen problemas en relación con una o más de estas áreas de su vida en común, y sin embargo, a menudo son problemas de definición o percepción más que verdaderas diferencias, lo que indica que tendrán que continuar con problemas o incluso separarse. Después de todo, son algunas de las palabras con más connotaciones de nuestro idioma como amantes y, como resultado, están expuestas a considerables diferencias de interpretación.

Al confundir el amor, el sexo y el romance, corremos el riesgo de perdernos las alegrías y los placeres únicos de cada uno de estos temas. El sexo no es romance, el romance no es amor y el amor no es sexo. Cada uno tiene sus propios goces, su propia historia en nuestra vida, cada uno tiene su propio futuro para nosotros y cada uno tiene su propio significado para nuestra pareja. Sólo al hablar sobre todo esto con nuestro ser amado es posible empezar a comprender dónde estamos en el doble triángulo compartido de amor, sexo y romance. El secreto del éxito es encontrar dónde se cruzan nuestros triángulos y construir partiendo de los puntos en común que compartimos. Es entonces un asunto de crecimiento y exploración constantes para hacer que todo sea cada vez mejor conforme pasan los años.

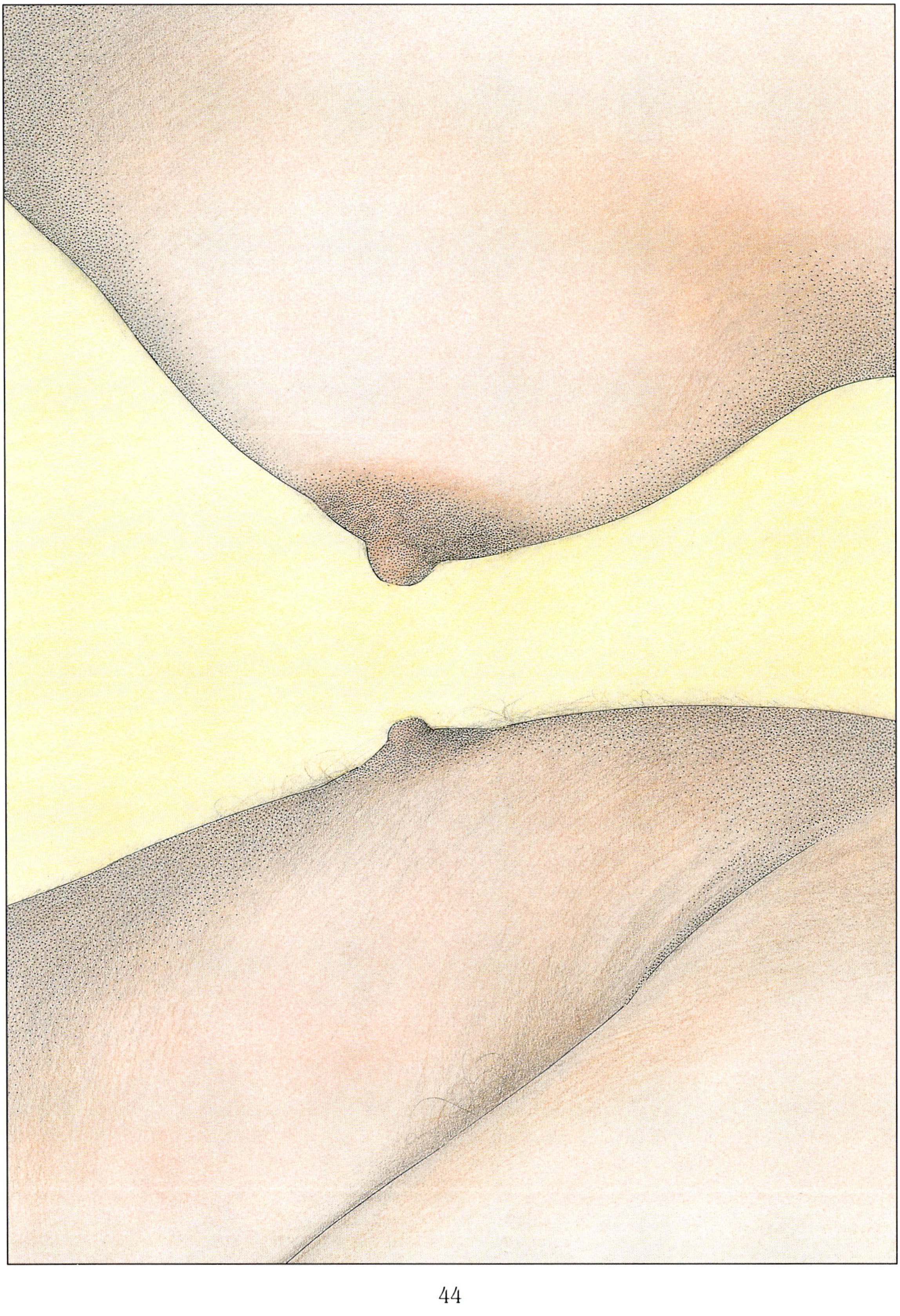

## Capítulo Tres

# Mejora tu cuerpo sexual

El sexo es una actividad compleja en la que participan la mente, el cuerpo y el espíritu. En este capítulo examinaremos el cuerpo como el templo de nuestra sexualidad. Aunque a menudo es difícil comprender o incluso percibir lo que sucede en nuestra mente cuando nos dedicamos a actividades sexuales, es mucho más fácil estar conscientes de nuestro cuerpo. Aun así, muchas personas no están bien informadas sobre sus cuerpos. Este capítulo trata de corregir esta situación.

# *SEXO DE LA CABEZA A LOS PIES*

*Nuestros cuerpos revelan mucho sobre nuestra sexualidad y la mayoría de las personas afirman que es el cuerpo de una persona lo primero que notan cuando la valoran como pareja potencial. La forma en que usamos, abusamos, adornamos, mantenemos, damos forma y tratamos a nuestro cuerpo es de importancia vital, no sólo para atraer a una nueva pareja sino para conservar a la actual.*

Pocas personas con las que trato tienen un punto de vista neutral sobre su cuerpo, incluso a pesar de que cuando menciono el tema siempre afirman lo contrario. La verdad es que todos sabemos lo que sentimos sobre nuestro cuerpo, incluso si rara vez discutimos nuestros sentimientos. He descubierto que es útil y terapéutico revisar cada parte del cuerpo en detalle, animando a la persona a compartir lo que le gusta y lo que no sobre su cuerpo. Es sorprendente cuánto material valioso se logra con una sesión de este tipo, información que me proporciona diversos indicios sobre el estilo de vida del individuo, sus miedos, placeres, dolores, y lo que es más importante, su sexualidad.

Es un ejercicio que los enamorados también pueden emplear, con cierto cuidado, si en realidad se aman y no están tratando de aprovecharse; entonces, puede ser esclarecedor aprender lo que ambos piensan sobre su apariencia física. Deja para después el compartir lo que piensan tú y tu cónyuge sobre el cuerpo de su pareja, hasta estar realmente seguros uno del otro y que puedan personalizar con la certeza de que no se presentarán críticas dañinas o crueles.

Comienza, como lo hago yo, tomando en cuenta un área bastante segura, como los pies y las piernas. Avanza por la anatomía, un área tras otra, hasta que llegues a las regiones emocionales más sensibles, como los senos de una mujer y el pene de un hombre. Si descubres que puedes disipar un miedo o preocupación que tenga tu compañero, hazlo de inmediato. Por ejemplo, una mujer podría decir: "Me gustaría tener cabello rubio, pero por lo demás, está bien". Su pareja podría contestar: "Te amo como eres. No me gustarías con cabello rubio, me encantan las trigueñas". O, si en realidad le gustaría experimentar con que fuera rubia por un tiempo, podría animarla a hacerlo y después ser compasivo si no fuera un cambio exitoso.

La opinión de nuestro cuerpo está influenciada por todo tipo de miedos que se experimentaron durante la infancia y la adolescencia. Estos miedos pueden ya no ser ciertos *de hecho*, pero persisten en nuestro inconsciente y suelen lastimarnos cuando menos lo deseamos. Una compañera amorosa puede ayudar a corregir esto ya que nos ama en la forma que somos. Es fascinante cuando hablamos con mujeres sobre la forma de su cuerpo, su estilo, sus defectos y sus abultamientos, y nos damos cuenta de lo críticas que son. Sin duda esto tiene lugar porque en nuestra sociedad el cuerpo hermoso es lo más importante y las mujeres han recibido un lavado cerebral bastante perverso para creer que deben tener cuerpos perfectos para ser aceptables. Algo interesante es que la mayoría de los hombres, al enfrentar comentarios deprimentes de sus parejas en la terapia, dicen algo como: "¿Qué venas varicosas?", "¿cuáles estrías?", "no sé a qué se refiere cuando dice que está gorda, creo que está maravillosa como es ahora", "hablando con sinceridad, había olvidado esa cicatriz del apéndice", etc.

Por supuesto, no todos piensan así y muchos tienen bases para alguna queja sobre la apariencia de su compañero. Para muchas parejas, esto es sólo una de las áreas "prohibidas" en su relación y una que exige un control prudente. Sus pequeños senos, su prominente vientre o lo que sea, se deben discutir con gran sensibilidad si no queremos que surjan protestas. Después de decir esto, es un enamorado holgazán y arrogante el que no toma en cuenta lo que revela su pareja durante una discusión de estos temas. Sólo porque estamos viviendo con alguien, o casados con él, no tenemos permiso para descuidar nuestra apariencia y despreciar las consecuencias. Por desgracia, encuentro demasiadas parejas para las que esto es una forma de vida. Después se maravillan por qué el otro cónyuge los castiga inconscientemente de alguna forma, dentro y fuera de la cama.

Nuestro estilo de cuerpo dicta no sólo lo que pensamos de nosotros sino también como nos percibe el mundo. Por ejemplo, de acuerdo a investigaciones, una persona alta casi siempre es considerada como más poderosa y atractiva que una chaparra. Los demás dan por sentado que las personas físicamente atractivas tienen más éxito y son más activas en el campo sexual. En otras palabras, nuestra apariencia hace que la gente suponga ciertas cosas sobre nosotros, incluso si no son correctas. Estas suposiciones erróneas pueden causar estragos en nuestra vida. Quizá el mejor ejemplo lo dé una paciente famosa que recibe decenas de proposiciones matrimoniales cada semana, así es de maravillosa. Sin embargo, en la vida real es tímida, incapaz de tratar con hombres y tiene una vida tranquila, casi solitaria; sus admiradores no la reconocerían en su vida privada.

La apariencia que creamos surge de un esfuerzo perfectamente consciente de lograr una imagen que consideramos atractiva. Pero también brota de mecanismos totalmente inconscientes de los que, por definición, no nos damos cuenta. Vimos en la página 22 lo revelador que es el lenguaje del cuerpo y que la mayor parte no está bajo control consciente; sin embargo, revela mucho sobre nosotros. Los experimentos con cámaras oculares especialmente diseñadas que permiten a los investigadores supervisar exactamente lo que ve la gente en un momento dado, muestran que las personas examinan zonas diferentes a las que expresan cuando valoran a una persona del sexo opuesto. La mayoría hemos tomado una decisión en unos cuantos segundos sobre si puede ser una pareja apropiada. Lo hacemos sin importar si estamos o no buscando conscientemente una pareja. Las primeras impresiones se refuerzan con los mensajes iniciales que recibimos sobre la forma del cuerpo de la persona, su estilo, ropa, postura, tamaño y personalidad, como lo demuestran esas características. Todo esto se resume en unos cuantos segundos y después actuamos en concordancia.

Luego de pasar por la etapa de ver, también tiene un profundo efecto cómo utiliza su cuerpo para atraer o repeler sexualmente a otra persona. Por ejemplo, las personas muy táctiles pueden ser excitantes para algunos tipos de personalidad y en extremo irritantes para otros. En general, los británicos tienen una cultura de "sin tocar", mientras que muchos europeos, y en especial lo mediterráneos, son muy táctiles, tanto en lo heterosexual como en lo homosexual. Qué tanto nos gusta tocar y ser tocados depende en gran medida de las experiencias de la infancia y de nuestra vida amorosa y sexual de la actualidad. Pero no te equivoques, los primeros mensajes sobre la disponibilidad sexual o de otro tipo, son transmitidos poderosamente por el tacto, incluso a nivel social.

No es socialmente aceptable tocar a otro en forma íntima, pero conforme una pareja explora su sexualidad durante el cortejo y se siente más cómoda con el cuerpo del otro, pronto

resulta evidente que existen zonas del cuerpo que tienen mayor significado sexual con respecto a la excitación; se les llama zonas erógenas. Como señalo en todo este libro, casi cualquier área del cuerpo puede ser sexualmente excitante si la persona correcta crea el estímulo correcto, pero las zonas erógenas son bastante diferentes. Estas áreas producen excitación sexual, incluso si el individuo que las estimula no es un compañero amado.

En general, se encuentran más áreas sexualmente excitables en el cuerpo de una mujer. Se puede causar un orgasmo a las mujeres mediante todo tipo de actividades no genitales que no es posible que afecten a los hombres. Veremos en la siguiente sección sobre la piel y hacer el amor que diferentes áreas del cuerpo responden en formas variables al tacto y a las sensaciones que se crean con otros medios, pero que las zonas erógenas son bastante predecibles en su respuesta. Las áreas más receptivas son los genitales, y en las mujeres, en especial, el clítoris, la vulva y el tercio inferior de la vagina. Los senos y los pezones de una mujer también son muy eróticos, pero esto no es cierto en todas las mujeres. El área anal de ambos sexos es mucho más excitante de lo que mucha gente se da cuenta, como sucede con el perineo, entre los genitales y el ano.

Fuera de los pezones, un hombre sólo es en verdad *muy* erógeno en el área que comprende la ingle, los genitales, las caderas y el ano, pero, por supuesto, conforme avanza la excitación, muchas otras áreas de su cuerpo se vuelven más valiosas en este sentido. Lo que produce las sensaciones más excitantes en cualquier zona erógena tendrán que descubrirlo como pareja pero como señalaré en la siguiente sección, es útil ser innovador, experimentando más allá del sólo acariciar, besar y abrazar.

Hacer el amor empieza mucho antes de que lleguemos a la etapa de acariciar las zonas erógenas de nuestra pareja. La forma en que nos vestimos y adornamos sugiere a nuestra pareja las características de nuestro cuerpo que consideramos atractivas. De manera que una mujer que se siente cómoda con sus senos podría usar un pendiente que dirija los ojos de un hombre hacia abajo al espacio entre los senos y un buen sostén que los exhiba ventajosamente. Puede estar sugiriendo que le encanta que le acaricien los senos al hacer el amor. De la misma manera, un hombre puede usar pantalones vaqueros ajustados y pararse con los pulgares metidos en el cinturón y los otros dedos señalando a sus genitales mientras platica con una mujer así en una fiesta. Éste puede ser un ejemplo extremo, pero ambos están señalando, por lo general en forma totalmente inconsciente, las partes de su cuerpo que querrán que les estimulen si todo sigue adelante. Todo esto es parte del juego del cortejo y de la atracción que parte instintivamente de la conducta humana, estemos o no buscando un cónyuge. Sin embargo, pueden surgir problemas cuando nuestro lenguaje corporal dice algo y nuestra mente inconscientemente dice otra. Los mensajes conflictivos de este tipo son la base de gran parte de las interpretaciones sociales erróneas y de las aventuras que se producen por esto.

Un ejercicio útil que pueden realizar como pareja es tomar una hoja de papel y trazar cómo te ves y después cómo ves a tu compañero. No busques la excelencia artística, de hecho, puedes hacer el dibujo en forma muy simbólica. Algunas personas a las que se pide hacer esto, crean imágenes de vegetales para su pareja.

---

*Aunque la zona erógena principal es el área que comprende sus genitales e ingle, ella lo está provocando al besar el área externa, aumentando la excitación de su anticipación.*

Cuando ambos han hecho esto en privado, intercambia los dibujos y comenta lo que has creado. Con frecuencia, este ejercicio permite a una pareja ser mucho más explícita sobre las preocupaciones que tienen sobre su tipo de cuerpo y el de su pareja. Por supuesto, como sucede con cualquiera de los juegos que sugiero en todo el libro, éste funciona bien si ambos compañeros son honestos y se tratan entre sí con sensibilidad y respeto.

Nuestros cuerpos son verdaderamente nuestros escaparates de ventas. Pueden exhibir lo que conscientemente deseamos decir de nosotros, pero a menudo hacen mucho más. Ser conscientes de lo que nuestros cuerpos dicen dentro y fuera de la cama es parte de ser un enamorado responsable y sensible.

*Él sabe que ella quiere que toque su vulva pero está avanzando lentamente hacia arriba, acariciando sus muslos. Una mujer puede excitarse mucho si su pareja acaricia provocativamente los lados internos y posteriores de sus rodillas y poco a poco sube, pero sin tocar su vulva.*

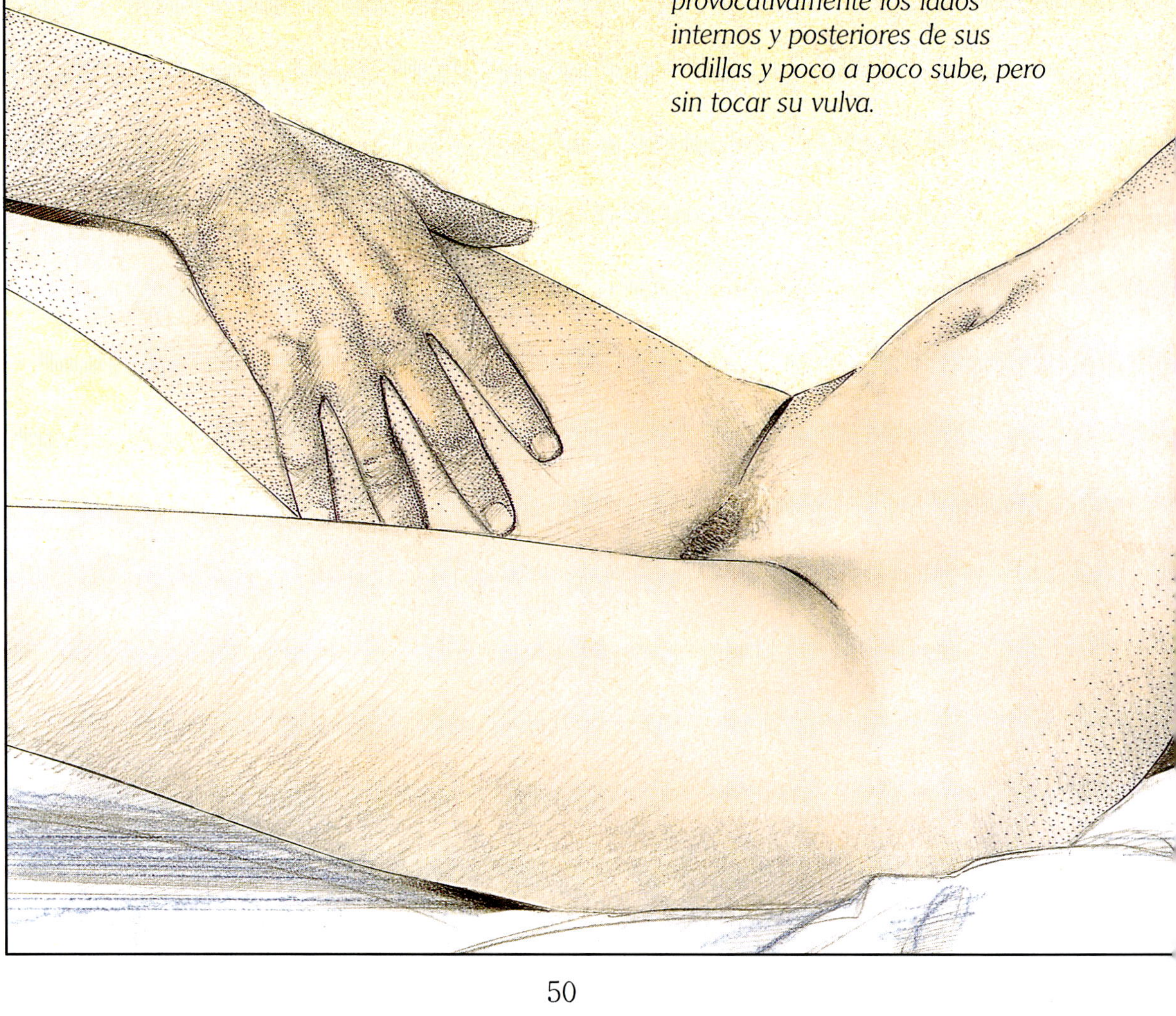

# TOCAR Y SER TOCADO

*La piel es el órgano más grande del cuerpo y como reúne más información sobre la actividad sexual que cualquier otro órgano, es de especial interés para nosotros. La forma en que empleamos nuestra piel al hacer el amor, puede ser toda la diferencia entre una experiencia ordinaria y una mágica.*

La piel de un adulto promedio pesa cuatro kilogramos (9 libras) y cubre más de dos metros cuadrados. La miríada de sensaciones que puede percibir, de muchas al mismo tiempo, nos proporciona un enorme potencial sensual para hacer que el sexo sea mucho más y no sólo algo agradable.

Como la piel nos puede indicar la temperatura, toques ligeros, presión, dolor, vibración y mucho más, nos proporciona una retroalimentación casi constante en cuanto al estado de excitación del cuerpo conforme hacemos el amor. El arte de tocar es básico para el buen sexo y todos tenemos un patrón único de sensaciones que sabemos que nos afectan de la mejor manera. Puede excitarnos o calmarnos, dependiendo de la situación.

La parte sensoria del cerebro se divide en áreas que reciben señales de todas las diferentes partes del cuerpo. Algunas áreas están más profusamente representadas que otras por el número de señales sensorias que se reciben de esas partes del cuerpo. Por ejemplo, las manos, los labios, la cara y los pies están mejor representados. Sorprendentemente, los genitales no son tan sensibles como los dedos de los pies en lo que respecta al tacto, pero esto no significa que sean insensibles en general. Cualquier amante experimentado sabrá que el cuerpo del pene del hombre no es tan sensible al tacto, ni lo es la mayor parte de la vagina.

El conocimiento de estos hechos debe ayudar a los amantes que desean alcanzar el máximo placer posible juntos. No es accidental que las caricias se concentren en la cabeza y el cuello, ya que esas áreas no sólo son accesibles sino que las regiones sensorias más grandes del cerebro se consagran a ellas. Ésta es la razón de que mucha gente disfruta en especial que le besen el cuello, las orejas, los labios, la cara y la lengua.

No obstante, las manos y los dedos suelen pasarse por alto y es una lástima. Un paciente masculino puede tener casi un orgasmo cuando su esposa le chupa el pulgar mientras hacen el amor. Esto no se debe a que se chupara el dedo en la infancia, no lo hacía, sino porque los dedos están muy ricamente dotados de receptores sensorios. Esto hace que chupar los dedos de manos y pies sea un pasatiempo exquisito, y que sin embargo, es algo que a menudo pasan por alto los enamorados.

Tomando en cuenta todo esto, ya debe ser claro que las parejas que en verdad desean obtener el máximo de su vida sexual, deben darse al máximo para localizar las áreas sensuales del otro. Cuando lo hagas, asegúrate de estar bastante excitado desde el principio y después, por turnos y en diferentes ocasiones, prueba diversos tipos de estimulación en diferentes áreas del cuerpo de tu pareja. Prueba el tacto ligero y firme, palmadas, sensaciones calientes, frías y ásperas, y emplea materiales como una piel, seda, cuero o plástico. Soplar sobre piel húmeda puede ser muy excitante. Frota un poco de crema que podrías usar en músculos adoloridos y date cuenta del efecto excitante que tiene.

Cuando experimentes, puedes tender a ser más cauto de lo que en realidad es necesario de manera que sé valiente y prueba nuevas sensaciones. Conforme experimentas con algo nuevo, pide a tu pareja que lo califique de uno a cinco. Si algo es ligeramente bueno, prueba a mejorarlo al intensificar lo que haces o mejorarlo, de manera que puedas llegar a cuatro o cinco antes de pasar a la siguiente área o tipo de sensación.

Muchos enamorados disfrutan las sensaciones fuertes, como palmadas, mordidas o pellizcos, en especial cuando están excitados. Es vital recordar que las sensaciones cambian, en especial cuando se excita, de manera que algo como una bofetada en una tarde de domingo, frente a la televisión, que fue muy desagradable, puede volverse algo verdaderamente favorito si el individuo está muy excitado.

Por lo general, solemos ser muy cautos cuando jugamos sexualmente. Como la gente "agradable" sólo acaricia y abraza, muchos enamorados pueden tender a desperdiciar las sensaciones agradables de la piel que se pueden obtener con tanta facilidad. Por ejemplo, un hombre podría pensar que los senos de ella son objetos delicados que se deben mantener envueltos en algodones. Pudo tener esta impresión por haberlos tocado tan pronto en su ciclo de excitación que ella se quejó o porque sus senos son tan sensibles antes de un periodo que no le gusta que los toquen para nada. Pero, en otros momentos del mes, esas mismas mujeres me dicen a menudo que desearían que su pareja hiciera algo más a sus senos y que fuera con más pasión. Solemos pensar que los pezones son tan sensibles que se deben manejar con guantes de seda, pero muchas personas de ambos sexos disfrutan que les estrujen los pezones, incluso con mucha fuerza, cuando se acercan al orgasmo. A algunas mujeres les agrada experimentar lo que se podría considerar dolor en nuestro tiempo, y sin embargo, son demasiado tímidas para pedirlo en caso de que se piense que es pervertida.

Las palmadas pueden ser deliciosamente eróticas. El flujo de sangre a la piel aumenta y en el área de las caderas puede aumentar el flujo de sangre a los genitales. Como la excitación sexual está ligada principalmente a un aumento del flujo de sangre a un área del cuerpo, es poco sorprendente que el cerebro registre uno y lo vincule con la otra. Por esto tantas parejas encuentran excitante palmearse uno a otro las caderas. Si uno u otro tiene una inhibición inconsciente sobre el sexo, como sucede con frecuencia, no es difícil comprender que algún tipo de "castigo", sin importar que sea simbólico, también ayuda a desactivar la culpabilidad que la persona siente por desear el sexo. Éste y otros mecanismos, son clave para muchos de los llamados juegos sadomasoquistas que utilizan las parejas. Infligir dolor como parte de la excitación sexual no es un concepto moderno y se puede explicar en muchos niveles. En su forma más simple, es una señal de que se gustan furiosamente y que desean amarse bruscamente. En el otro extremo de la escala, podría ser que uno u otro tenga necesidades poco comunes en alguna forma psicológica más profunda, que tal vez se beneficiaría de la ayuda profesional. Sin embargo, la vasta mayoría de las parejas que consienten en tener este tipo de juegos no son raros ni pervertidos, simplemente han descubierto que la respuesta de la piel al dolor entrecruza su respuesta con el placer. A lo mejor, el mayor nivel de hormonas para la tensión que causa el "dolor" también estimula el cuerpo en formas que reconoce como sexuales porque durante la tensión y el sexo, el cuerpo moviliza hormonas similares.

Al considerar que la piel es tan importante al hacer el amor, tiene sentido cuidarla. Ten especial cuidado con la piel de las manos, ya que es la que con más frecuencia entra en contacto con el cuerpo de la pareja. Trata de conservar la piel de la mano limpia, sin manchas de nicotina, con las uñas cortas, y las yemas suaves y sensibles. Si tus manos son torpes por hacer trabajo físico duro, puedes descubrir que hacer algo detallado, como armar modelos a escala o coser, ayudará a tus manos a volverse sensibles y flexibles para los masajes y hacer el amor. Aparte de lavarla con regularidad, la demás piel del cuerpo no necesita atención especial. Nuestra cultura suele enfatizar la eliminación del pelo, en especial en las mujeres, que a menudo se consideran poco provocativas si tienen más cabello en ciertos lugares. Si tú y tu pareja pueden, pónganse de acuerdo sobre lo que es provocativo y luego traten de no dejarse influir por lo que dicen otros. Por ejemplo, a algunos hombres les gusta que su pareja conserve el pelo de los sobacos y a otros les gustan las piernas peludas. Otros hombres descubren que les gusta la depilación casi total, excepto en la cabeza, por supuesto. Encuentra un punto medio con el que ambos puedan vivir y tal vez puedas hacer que el cuidado del pelo corporal sea parte de su vida sexual. Muchas parejas se cortan el cabello o las uñas como parte del acicalamiento mutuo, y algunas mujeres se excitan sexualmente cuando sus hombres se rasuran una parte del cuerpo, quizá la línea del bikini y el área genital, como preámbulo para el acto sexual.

Cuidar la piel del otro también se puede volver parte de hacer el amor todos los días. Lavarse uno a otro la espalda, darse masaje con aceite o loción en la piel, o incluso acariciarse entre sí desnudos puede ayudar a mantener el valor y la función de este vital órgano sexual.

*Esta mujer está concentrándose en la piel. Su cabello está acariciándolo, al igual que gran parte de su cuerpo, y está añadiendo a toda esa delicia el soplar en su ombligo. Aunque este suave aliento no implica un contacto directo con la piel, es probable que sea muy excitante.*

# COMPRENDAMOS LA EXCITACIÓN

*Es vital un conocimiento total de la excitación sexual de nuestra pareja si vamos a poder interpretar con exactitud sus reacciones en las situaciones sexuales. Demasiadas parejas nunca aprenden a leer las señales en forma apropiada y pasan su vida sexual actuando de acuerdo a malas interpretaciones. Este problema se puede superar con facilidad y en esta sección veremos cómo.*

La excitación sexual es un asunto muy complejo en el que participan nuestra mente, cuerpo, espíritu y todos nuestros sentidos. La ciencia moderna no comprende la magia de lo que hace que una persona se lleve bien con otra pero estamos empezando a encontrar pistas de un conocimiento de sustancias como las feromonas, aromas que no son perceptibles conscientemente y que actúan como atrayentes sexuales en la mayoría de los animales.

La atracción física sexual no es más que un factor en lo que nos excita de nuestro compañero y la pareja que se conoce íntimamente puede excitarse con el mensaje sexual más mínimo, como el olor del sudor del otro o los fluidos genitales, la visión de una parte especial del cuerpo, escuchar su voz en el teléfono, un fragmento de plática amorosa secreta, sentir una prenda familiar o una parte de su cuerpo, etc. Es como si tejiéramos un tapete complejo de mensajes de excitación dentro de una relación y que un pequeño hilo de ese tapete pudiera producir todo el tapete en nuestra mente.

Algunas personas se pueden excitar con sólo *pensar* en su ser amado. Unas cuantas mujeres me han contado que tienen orgasmos al pensar en su pareja... sin cualquier otra estimulación. La mayoría necesitamos algún tipo de estimulación física para excitarnos completamente, es decir, lo suficiente para tener relaciones sexuales. Es la respuesta física en que pasaremos más tiempo pensando, ya que es lo que podemos percibir y manejar con más facilidad.

Tanto en hombres como en mujeres, la excitación física tiene lugar de forma muy parecida. Básicamente, entraña un aumento considerable del flujo de sangre a los órganos sexuales, acompañado por cambios generales del cuerpo. Investigaciones recientes en los Estados Unidos han descubierto que la excitación sexual es, de hecho, muy similar en ambos sexos, mucho más de lo que pensaban los primeros investigadores en la década de 1960.

*En la mujer,* los cambios que son fáciles de notar para ella y para su pareja son hinchazón de los senos y los genitales. Las primeras señales de excitación sexual de una mujer son sus pezones erguidos e hinchados; la piel del seno puede enrojecerse y las venas ser más obvias. El enrojecimiento es una erupción parecida a la del sarampión que se puede extender por el cuello, el pecho e incluso la cara.

La siguiente señal es que su vulva se hincha; en especial, los labios internos se congestionan con sangre y se hacen más oscuros. La vagina empieza a expandirse y un fluido "exuda" de sus paredes para lubricar la cavidad vaginal. Parte de este fluido puede aparecer en la entrada de la vagina o incluso fluir profusamente por los labios mayores y menores haciendo que se humedezca toda la zona.

Ahora el clítoris comienza a erguirse; en algunas mujeres, puede crecer hasta el doble de su tamaño normal, pero en otras el aumento de tamaño apenas se nota. Conforme la mujer se excita más, la hinchazón de toda la zona de la vulva puede ocultar el agradamiento del clítoris y puede ser difícil encontrarlo.

Los labios externos de la vagina también se hinchan y se ponen más oscuros y la vagina se abre un poco en la entrada. Dentro de la vagina, la parte superior comienza a abrirse como una tienda y el tercio inferior de la vagina se hincha más que el resto para producir un área caliente, esponjosa y suave de tejido que al final sujetará bien apretado al pene. Al mismo tiempo, el resto del cuerpo de la mujer sufre cambios. Conforme se hinchan sus senos, su corazón late más rápido y su cuerpo empieza a tener crispamientos. A menudo, las primeras señales de este elevado estado de excitación son los dedos de sus pies o los músculos del estómago, que empiezan a temblar o a crisparse.

Cuando alcanza el orgasmo, su cuerpo se puede arquear, puede lanzar un chillido, su cara puede hacer muecas y, por lo general, se tensan los músculos de su cuerpo. Sus músculos vaginales, uterinos y de la pelvis se contraen fuerte y rítmicamente, y todo su cuerpo puede tener espasmos involuntarios. Cómo responde en realidad cuando llega al clímax depende en gran medida de su educación, su tipo de personalidad, sus experiencias sexuales previas, su estado de ánimo de ese día, su nivel de excitación, el entorno actual, la intensidad de la ocasión y la forma en que cree que su pareja percibe su sexualidad.

Una vez que se detienen las contracciones de sus músculos vaginales, uterinos y pélvicos, aún puede recibir más estimulación para alcanzar otro orgasmo, aunque muchas mujeres no pasan a esta etapa, por diversas razones. Algunas mujeres pueden experimentar muchos orgasmos, uno tras otro, y tengo pacientes que tienen miniorgasmos palpitantes repetidamente por muchos minutos, de tal manera que afirman tener un "orgasmo de diez minutos". Algunas mujeres necesitan mucha más estimulación si van a tener más de un orgasmo, pero algunos hombres no están preparados para continuar ya que sienten que la mujer se puede acariciar a sí misma para completar su satisfacción. Otras mujeres encuentran que el segundo orgasmo y los siguientes se logran con poca estimulación extra.

Un conocimiento de todo esto, extraído de la experiencia de observar a una mujer masturbarse (ve la página 115) es una inversión excelente para cualquier relación amorosa. Un hombre que se interesa por su compañera y que desea satisfacerla, aprenderá a indicar cuando está en su ciclo de excitación al verla, sentirla y escucharla. Un enamorado experimentado (es decir, con experiencia con su cónyuge, ya que las mujeres varían en gran medida en los detalles de sus patrones de excitación) puede indicar con exactitud qué tan excitada está sintiendo lo húmeda que está. La excitación de una mujer se puede decidir por su humedad, de la manera en que se puede decidir la de un hombre por su nivel de erección. Los cambios en los senos también pueden proporcionar buenas señales, pero los pezones erguidos pueden ser causados por frío, miedo o incluso por el tacto más leve en algunas mujeres. El enrojecimiento sexual es una señal segura de que una mujer se está acercando a un orgasmo y que ninguna mujer puede falsificar. Como a pocas mujeres les gusta que les pregunten si están llegando al orgasmo, ésta puede ser una excelente señal para un hombre.

Muchos malentendidos surgen porque un hombre no sabe dónde se encuentra su compañera en su ciclo de excitación. La estimula demasiado, muy poco o tal vez en forma inapropiada porque no es lo bastante vigilante para verificar el estado cambiante de su cuerpo. Por supuesto, una mujer puede ayudar si es más comunicativa y le indica qué tan excitada se siente para que su hombre pueda aprender a relacionar lo que observa con lo que ella le dice

que está sintiendo. Sin embargo, una vez que lo aprende, la pareja no necesitará seguir comentándolo. En la página 115 veremos que es posible darnos cuenta de las valiosas señales de excitación al observarse uno a otro masturbarse.

*La excitación en un hombre* comienza en la mente, igual que en una mujer. Los mensajes viajan del cerebro al pene, que empieza a hincharse como resultado de la acumulación de sangre en él. Cambia de un órgano pequeño, que apunta hacia abajo y flácido a uno duro, que apunta hacia arriba, rígido y con forma de vara. Ningún hombre puede ordenar que se produzca una erección, pero altos niveles de excitación pueden causar que una erección pequeña y sin entusiasmo se convierta en una completa y útil en unos cuantos segundos. Muchas mujeres, incluso las que tienen mucha experiencia, se molestan cuando su hombre no tiene una erección cuando ellas lo desean, pero no hay forma en que pueda controlarlo conscientemente. Los mecanismos de inicio para la erección son muy delicados. Como alguien que trata a hombres con problemas, me sorprende que tengan lugar las erecciones con tanta facilidad y aparentemente sin esfuerzo. En algunos hombres, el ruido más leve, las distracciones, la enfermedad, la falta de estimulación, un comentario irreflexivo o lo que sea, puede acabar incluso con una erección fuerte que empieza. Esto pone a los hombres en una clara desventaja biológica ya que deben tener una erección firme si el coito va a tener lugar, mientras que una mujer puede utilizar algo para lubricarse, si es necesario. Por supuesto, ella no experimentará el mismo placer como el de una relación sexual muy excitante, pero desde el punto de vista biológico, puede funcionar.

Conforme se yergue el pene, se presentan cambios en otras partes, igual que en el cuerpo de una mujer. Su latido cardiaco se acelera, su respiración se acelera, suda más, sus pupilas se agrandan, sus orificios nasales se ensanchan, se eleva su presión sanguínea, sus músculos se tensan y siente que aumenta en su interior la tensión sexual. Más o menos un hombre de cuatro tiene un enrojecimiento sexual parecido al de una mujer, y durante esta fase de aumento de la excitación su escroto se contrae y sus testículos se mueven a un

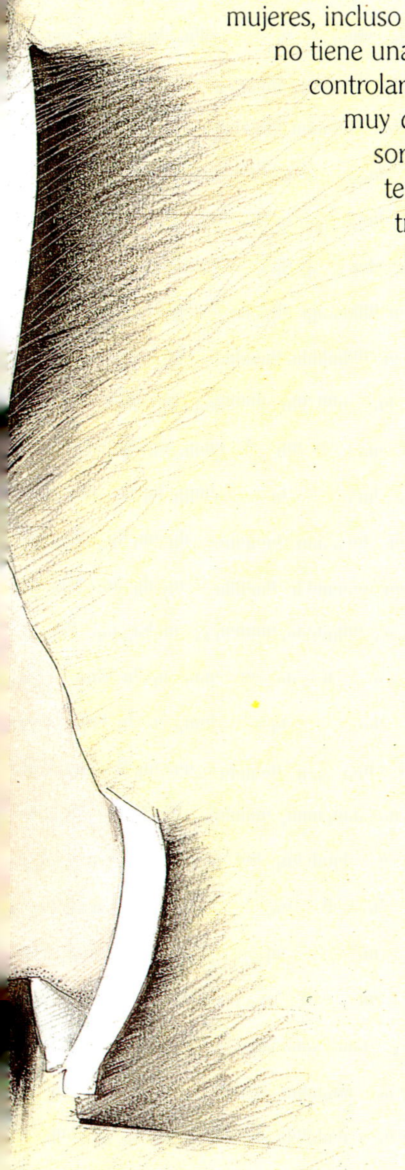

*El tacto, el olfato, el sabor y el sonido de sus cuerpos son sensaciones excitantes conforme se deleitan uno en el otro. Cualquiera de estos sentidos puede excitar a un amante experimentado ya que está sintonizado a lo que los excita en relación con su pareja.*

punto cercano a su cuerpo. Hasta esta etapa un hombre puede detener su excitación y volver a una etapa de reposo incluso si se siente desilusionado por hacerlo; en unos cuantos minutos se sentirá normal. Sin embargo, lo más normal es que siga adelante y tenga un orgasmo. En la siguiente fase de su excitación se hincha más el pene, cambia de color para volverse azul púrpura, en especial en la punta, los testículos se hinchan y está forzado a tener un orgasmo; no hay vuelta atrás. La mayoría de los hombres puede reconocer esta etapa con facilidad y tienen cierto control sobre su avance de aquí en adelante. Quienes no tienen esta conciencia están propensos a la eyaculación prematura ya que no notan las señales de advertencia de la eyaculación inminente.

En el orgasmo, el hombre tiene que eyacular, no tiene elección. Sus músculos pélvicos se contraen, como lo hacen todos los músculos de sus órganos genitales y arroja un chorro de semen del pene. Incluso antes de esto, un poco de fluido se escapa del pene, que puede contener esperma y que, en consecuencia, puede embarazar a una mujer. Cuántos chorros de esperma tiene un hombre y qué tan lejos salen, depende de muchos aspectos, como la edad, cuánto tiempo ha pasado desde la última vez que eyaculó, su nivel de excitación, cómo se le está estimulando, etc. El ritmo en que sale la eyaculación es exactamente el mismo que las contracciones del orgasmo de la mujer... una vez cada ocho décimos de segundo.

Al final, después de la eyaculación, el hombre se relaja, su pene recupera su tamaño normal y su cuerpo vuelve a la normalidad. Ahora tiene que descansar por un rato antes de ser capaz de repetir el ciclo. Este periodo llamado "refractario" varía en gran medida de un hombre a otro, y especialmente con la edad. Algunos jóvenes de alrededor de veinte años de edad pueden tener un orgasmo tras otro, como una mujer, pero conforme el hombre envejece, necesita más tiempo para recuperarse. Un hombre de cincuenta o sesenta años de edad podría no ser capaz de eyacular de nuevo por un día más o menos.

La dureza de la erección del hombre no es el mejor indicador de su nivel de excitación; muchos hombres pueden estar muy excitados y sin embargo tener una erección deficiente. Esto sucede si están muy cansados, no están preparados para el sexo o son impotentes. Insertar el pene en este estado de erección media no es una acción sin importancia ya que muchos hombres pueden lograr una erección útil y grata con este inicio algo deficiente. Demasiadas mujeres no pueden aprovechar una erección así, basándose en que si en realidad él quisiera sexo o la amara, ¡tendría una erección robusta y de inmediato! Por desgracia, no es así. A menudo le digo a las parejas que si la relación sexual contara con que la excitación sexual femenina fuera tan alta como necesita ser en los hombres, ¡tendríamos muy pocos bebés! Pocos hombres pueden resistirse a que les besen o chupen el pene y aunque es cierto que hay ocasiones en que a un hombre le resulta difícil lograr una erección, un pene que se estimula oralmente rara vez no se pone firme de inmediato.

A muchas mujeres les resulta difícil saber cuándo está a punto de eyacular su compañero; de hecho, *puede* ser difícil saberlo. Algunos hombres tienen un aumento final de tamaño del pene un poco antes, algunos tienen una expresión dichosa que sus parejas llegan a conocer bien, algunos tienen cambios del escroto muy específicos (sus testículos se pegan al cuerpo) y otros empujan muy fuerte dentro de su compañera poco antes de eyacular.

De la misma manera que muchas mujeres se quejan de que demasiados hombres van directo a sus senos y pezones demasiado pronto en su ciclo de excitación, así también los hombres dicen que las mujeres sólo pueden pensar en su pene. Los hombres disfrutan mucho que ellas jueguen con sus pezones y también son excitantes las otras áreas de excitación que se exponen en la página 49. Cuando se estimula a un hombre, la mujer necesita ser muy cuidadosa porque se necesita cierto criterio del ritmo. Si un hombre no debe alcanzar el clímax demasiado pronto para el gusto de su pareja, debe pasar cierto tiempo aprendiendo y reconociendo su ritmo para que no haga demasiado y después se queje de que logra el orgasmo con demasiada facilidad. Sorprendentemente, muchos hombres son tímidos para pedir lo que quieren, ya sea para acelerarse o relajarse, pero una pareja que puede compartir este conocimiento, tendrá pocos problemas por eyaculación prematura o retardada. La mujer que conoce a su hombre bien puede regular la eyaculación para ajustarla a su orgasmo. Aunque nunca sugiero tener la meta del orgasmo simultáneo como la forma normal en el sexo, es seguro que ayuda poder ser capaz de tener al menos cierto control sobre los orgasmos aparentemente incontrolables de un hombre. Las parejas que dominan esto, tienen algo que les dará una gran posición para toda una vida sexual juntos.

En el pasado, cuando más personas se embarcaban en su relación exclusiva basándose en un conocimiento bastante reducido del sexo opuesto, aprendían de la excitación sexual en el contexto de su pareja de toda la vida. Sin embargo, en la actualidad todo es muy diferente. Cerca del noventa y cuatro por ciento de todas las parejas tienen experiencia sexual con el coito antes del matrimonio y muchas personas han tenido varias parejas antes de que se establezcan. El sexo extramarital también es muy común en ambos sexos.

Este aumento de la experiencia sexual tiene algunas ventajas pero también puede causar confusión. Para la pareja que sólo se ha conocido sexualmente entre sí, se pueden aprender lecciones y se pueden preparar a la medida métodos de excitación apropiados para ellos. Pero con la exposición cada vez mayor a la sexualidad de otras personas, las nociones de lo que puede ser aceptable o interesante para una nueva pareja nubla la realidad y a menudo puede obstruir el camino al verdadero descubrimiento mutuo.

La mayoría solemos aprender de la experiencia y después aplicamos esta experiencia a nuestra nueva pareja. En asuntos que tienen que ver con el sexo no es tan útil ya que la gente puede ser muy diferente en la forma en que logra excitarse, lo cual es especialmente cierto en las mujeres.

Esto a menudo causa que un hombre "muy experimentado" sea casi una molestia ya que hace suposiciones de lo que es mejor para excitar a una nueva pareja basándose en otras mujeres que ha conocido y dado placer. Su experiencia lo hace sentir un experto, pero no lo es con respecto a su nueva pareja, sin importar lo mucho que sepa de otras mujeres. No está tomando en cuenta que está conociendo a una nueva mujer, una nueva persona por completo.

Debe ser claro que se necesita una humildad básica, estar dispuesto a aprender de nuevo con una nueva pareja más que tratar de hacer que se ajuste a un estereotipo que hemos creado como resultado de experiencias previas. El hecho de que muchas personas creen su propio tipo de camisa de fuerza sexual para su pareja conduce a todo tipo de confusiones y problemas. Es sólo un pequeño paso el que hay entre considerar diferente a nuestra pareja y pensar que es algo extraña, inhibida o pervertida. No es necesario decir que este tipo de suposición, se mencione o no, puede conducir a malentendidos y resentimientos.

Acabamos de ver cómo puedes aprender a comprender el ciclo de excitación de tu pareja. Una pareja que le dedica tiempo y tiene la paciencia para en verdad reconocerlo y aceptarlo, no caerá en el tipo de trampa que espera a quienes hacen suposiciones erróneas.

# *IMPULSOS Y DESEOS*

*Todos tenemos un impulso sexual, incluso si equivale a masturbarse un par de veces al año. Para muchas parejas, el problema es acoplar sus impulsos y hacer frente a las dificultades que surgen cuando no están bien acoplados. Por fortuna, existen varios métodos para hacer frente a los problemas del impulso sexual y, en general, no es necesaria la ayuda profesional.*

Aunque es probablemente cierto que la mayoría escogemos inconscientemente a una pareja que tenga el mismo nivel de impulso sexual que nosotros, *existen* algunas diferencias entre estos impulsos, aunque sólo sea de vez en cuando, incluso en la mejor relación. Se ha sugerido que todos tenemos niveles algo distintos de deseo sexual. De hecho, muchos de mis pacientes me aseguran que así es cuando tienen problemas en esta área de su vida sexual. Sin embargo, la experiencia clínica sugiere que es una creencia errónea ya que incluso en un tiempo muy corto, alguien que se supone es "frígido" o que apenas se interesa en el sexo, se puede transformar en una pareja sexual estimada y excitante.

La respuesta a esta aparente contradicción es que es probable que todos tengamos un nivel muy parecido de deseo sexual y que la diferencia es el nivel de inhibición que nos impide mostrar nuestro verdadero ser sexual. Personas que parecen carecer totalmente de pasión resultan tener una rica vida de sueños y fantasías pero su inconsciente suele protegerlo contra esto y en cuanto algo que no es "agradable" le viene a la mente, les resulta imposible convertir sus pensamientos en acciones.

Es claro que todos estamos interesados en el sexo hasta cierto grado (después de todo, es parte de nuestra biología), pero qué tanto es normal en un momento dado es difícil de saber ya que en realidad no tenemos algo con qué compararlo. Tenemos a la mano numerosas encuestas que muestran cuánto sexo tienen los demás, pero tales estudios a menudo son difíciles de verificar e incluso cuando parecen totalmente honrados, las personas tienden a examinar sólo la mejor posición de otros y compararla como la peor posible posición en ellos. La "normalidad" cuando abordamos el impulso sexual humano es una gama, no un punto, y todo lo que se puede decir con seguridad es que lo normal para ti es lo que es normal para ti.

Incluso en un mismo individuo, el apetito sexual varía mucho. Los hombres están en el nivel más elevado de apetito sexual al acercarse a los veinte años y las mujeres alrededor de los cuarenta. Pero sin importar que medida se emplee, siempre habrá alguien que conoces y que es más grande, mejor, que dura más, que es más rápido o más lento, y tales comparaciones son estériles. Se dice que los hombres quieren menos sexo conforme envejecen, pero ésta es una generalización burda. De hecho, algunos hombres de más de sesenta años de edad están tan activos como cuando tenían veinte años.

Las nociones de los "promedios" en las mujeres están más cargadas de problemas. Algunas

*Es claro que esta pareja no tiene problemas con su impulso sexual. Se sienten atraídos uno por otro y saben cómo excitarse entre sí.*

mujeres pueden tener veinte orgasmos al día y otras son felices sin tener uno en toda la vida con una pareja afectuosa. La mayoría de las mujeres son más orgásmicas durante la masturbación, en comparación con el coito, y el rendimiento sexual total de cualquier mujer durante su vida (el coito más los orgasmos autoproducidos) es, tal vez, mayor que el de un hombre. La capacidad de una mujer para el placer sexual es casi ilimitada pero su habilidad para explotarla esta regida por su crianza, sus emociones, su tipo de personalidad, su educación, sus padres y sus circunstancias actuales.

Existen muchas razones para que caiga o incluso falle el impulso sexual de un individuo; los medicamentos son una causa común. La Píldora puede producir la pérdida del impulso sexual en algunas mujeres; las pastillas para dormir, los esteroides, algunos medicamentos para reducir la presión sanguínea y también algunos antidepresivos; quizá los tranquilizantes reduzcan la vida sexual de más gente que cualquier otra causa externa; el alcohol puede acabar con el impulso sexual; y muchas drogas ilegales cobran sus víctimas. La enfermedad psicológica del mundo occidental más común es la depresión y una característica de esta condición es la pérdida del impulso sexual. Por lo general, la depresión necesita tratamiento médico con medicamentos o con algún tipo de psicoterapia.

Las enfermedades físicas graves pueden reducir el impulso sexual de cualquiera, y también el agotamiento físico o mental. Muchas personas trabajan en exceso, hacen muy poco ejercicio, duermen mal y luego se sorprenden porque su impulso sexual es muy bajo. Además, algunas personas emplean su estado físico para excusarse (en forma totalmente inconsciente) de tener sexo que en realidad no querían.

Las experiencias sexuales desagradables pueden destruir el impulso sexual. Algunas personas tienen, o han tenido, tales experiencias fétidas que casi desearían que el sexo no existiera. Para este tipo de individuos, el sexo es sólo otra obligación miserable que desearían evitar. En algunos de ellos, una violación, abuso sexual cuando niños o el ataque sexual es la base de los sentimientos negativos contra el sexo, pero en otros, la respuesta es algo mucho más cercano en el tiempo. La culpabilidad puede ser un factor importante de distanciamiento sexual, y quienes son culpables, sin importar lo inconscientemente que sea, a menudo carecen de la mayor parte del impulso sexual por miedo a hacer algo de lo que se sentirían culpables.

Algunas personas son tan infelices con la condición de su relación que cierran su mente al sexo. Después de todo, nos sentimos más dispuestos al sexo cuando todo marcha bien. Muchas mujeres me dicen que no están interesadas en el sexo porque han dejado de amar y también los hombres hablan cada vez más de situaciones semejantes.

Cuando algunas personas tienen una aventura, niegan el sexo por la culpabilidad, el miedo a ser descubiertas, el horror de un embarazo indeseable o de enfermedades de transmisión sexual, etc. Sin embargo, otras personas actúan mejor en situaciones ilícitas ya que el sexo dentro de una relación de exclusividad es demasiado cómodo y "agradable", lo cual es contrario a lo que su punto de vista inconsciente le indica que debe ser el sexo.

Muchas mujeres que atiendo dicen que su impulso sexual se pierde si su pareja deja que se reduzca su nivel de apariencia personal. Los maridos que huelen a bebida y las esposas con sobrepeso son dos de estas categorías que surgen una y otra vez.

Por último, muchas personas descubren que su impulso sexual parece desaparecer después de una mala experiencia al hacer el amor, dentro o fuera del matrimonio. Un rechazo fuerte puede causarlo, así como una experiencia en que uno de los cónyuges trata de imponer su voluntad o sus deseos particulares con demasiada fuerza al otro. Una esposa o esposo caprichosos, o alguien que repetidamente rechaza al otro, al final destruirá casi todo deseo de la persona. El sexo exitoso depende hasta cierta medida de ser predecible.

Partiendo de este muy incompleto examen de algunas de las causas de la pérdida del impulso sexual es posible notar que el tema es muy complejo. De hecho, puede requerir todas las destrezas de un profesional para poder interpretar la verdadera naturaleza del problema. Veo a muchas parejas que exponen sugerencias perfectamente razonables en cuanto a la causa del problema, y que sin embargo, para la persona entrenada, es claro que no pueden ser la respuesta. Por lo general, algo más sutil les está sucediendo, como batallas de poder, pérdida del amor, juegos de padres e hijos y muchos otros factores inconscientes, algunos de los cuales se deben resolver antes de que se pueda lograr un verdadero avance.

Una vez que se han descartado las causas médicas, tenemos algunas acciones que cualquier pareja puede intentar sola. En primer lugar, siempre sugiero dejar de tener sexo, dejarlo descansar y volver a la conducta de cortejo (ve la página 12). Después, siéntense juntos y traten de encontrar cuáles podrían ser las causas. Incluso la lista anterior que dista mucho de estar completa podría proporcionar algunas pistas. Si encuentras que está mal algo simple, no debe haber problemas para resolverlo ustedes, pero si se encuentran resbalando a aguas profundas y confusas, busquen ayuda profesional.

El siguiente paso es esforzarse por hacer sus vidas más eróticas; aumentar su nivel de conciencia sexual. He encontrado que las parejas disfrutan más de esta parte, quizá comenzar a ver películas o videos provocativos juntos; comprar algunas revistas o libros eróticos y averiguar lo que cada uno encuentra excitante en las fotografías y el texto, compartir fantasías (ve la página 80), aumentar el potencial erótico de su alcoba (ve la página 78), y tomar unas vacaciones sensuales (ve la página 32). Todo esto elevará la temperatura sexual, y sin embargo no debe terminar en el coito.

Esta forma de abordar el problema significa aumentar la frecuencia de la masturbación. He encontrado que las mujeres lo hacen muy bien. Cuando se dedican a la masturbación, descubren que vuelve el impulso sexual con su pareja.

El siguiente paso que sugiero para cualquier pareja con problemas es en verdad llegar a conocer los genitales del otro y sus respuestas durante la excitación. Aumentar su repertorio sexual, pero aún contenerse de tener sexo. Descubrir todas las formas posibles de darse placer uno a otro sin tener coito; este libro está lleno de ideas. Lee sobre sexo y sexualidad, y aprende más del tema en general. La "biblioterapia" hace maravillas para muchas parejas que trato.

Ahora debes estar listo para volver a comenzar con el sexo. Después de hacer del sexo una prioridad en la vida de la pareja, en este momento encontrarán que cualquier mala adaptación entre los cónyuges ha desaparecido y se debe a que ambos están mucho más sintonizados a la sexualidad del otro y podrán hablar de cualquier mala adaptación que pueda ocurrir de vez en cuando. Las parejas que se han sometido a este tipo de curso conmigo, dicen que pueden tolerar incluso una pérdida muy severa del impulso sexual, por la razón que sea, ya que saben que no será permanente y que tienen muchas otras formas para satisfacerse una a otra en lo sexual y en lo erótico. Tales parejas aún están encantadas entre sí, incluso cuando el sexo penetrativo no es posible por alguna razón.

Cuánto mejor es esto que buscar fuera de tu relación sexo a la primera señal de fracaso, insatisfacción o pérdida del impulso sexual.

# *REGISTRO DE CASOS*

*Durante los años en que he sido el "Tío Agonía" he recibido más cartas sobre "el cuerpo sexual" que de cualquier otro tema. Éstas son sólo unas cuantas de las preocupaciones más comunes que la gente tiene.*

*Mi pene sólo mide doce centímetros cuando está erguido y estoy seguro que mi esposa querrá otro hombre ya que es muy pequeño.*

Apuesto a que no. No existe evidencia de que la mayoría de las mujeres prefieran penes más grandes en oposición a los más pequeños, aunque, por supuesto, debe haber algunas que sí. Lo que la mayoría de las mujeres dice es que lo importante es lo que su hombre hace con el pene. Cuando las mujeres *sí* estipulan el tipo de pene que les gusta, es a menudo del grosor de lo que hablan más que de su longitud.

*Mis senos son muy pequeños y sé que a mi marido le encantas los senos grandes. ¿Qué puedo hacer para superar este problema?*

Ante todo, podrías mostrarle que a pesar de ser pequeños tus senos, son muy eróticos y te proporcionan mucho placer sexual. Enséñale la mejor forma de acariciarlos de manera que ambos disfruten de ellos. Pocos hombres pueden resistirse a esto y le muestra a él que al contrario de las fantasías de adolescente y de la modelo de "revista de chicas", las mujeres con senos pequeños pueden ser parejas muy provocativas.

Después, ¿qué te parece ayudarlo con su deseo de senos grandes, mediante la fantasía? Murmúrale al oído algo sobre una mujer de senos grandes, la próxima vez que hagan el amor. Llévalo por toda una historia erótica en que la heroína es una mujer de busto abundante.

Saca el máximo provecho de lo que tienes vistiéndote de manera que muestres tus senos y sujétalos con un buen sostén que te favorezca.

Por último, y sólo tómalo en cuenta si los senos pequeños también son una preocupación para ti, ¿qué te parece hablar del asunto con un médico? Puedes sugerir a un cirujano plástico si en realidad estás decidida. He visto a varias mujeres cuya vida sexual se benefició de una operación para realzar los senos.

*Tengo tanto pelo púbico que se extiende a mis piernas pero mi novio quiere que me lo rasure todo. ¿Estaría bien?*

Por supuesto que es seguro hacerlo si también a ti te parece una acción razonable. ¿Qué te parece empezar con un paso menos drástico? Tú o él pueden recortar el pelo de manera que esté muy corto y después uno de los dos puede rasurar o depilar la línea del bikini con cuidado. Algunas parejas encuentran que rasurar el área en torno a la vagina, el perineo y el ano es muy erótico. De esta forma, cuando la mujer se pone de pie, con las piernas juntas, el pelo púbico parece bastante normal, aunque corto. Sin embargo, cuando abre las piernas para tener sexo, sus labios están totalmente lisos.

A muchas mujeres les agrada la idea de no tener pelo en esta zona, en especial si excita a su hombre, pero no quieren estar totalmente sin pelo cuando nadan o se cambian para hacer deporte en compañía de otros. Los problemas prácticos, como el salpullido del barbero, se pueden superar empleando una crema antiséptica.

He tenido cuatro hijos y temo que mi vagina esté demasiado flácida para tener buen sexo. ¿Qué se puede hacer al respecto?

Mucho, ante todo, ¿quién dice que está demasiado flácida? Es posible que te estés preocupando por nada si tu pareja no se ha quejado. Si alguno de ustedes *piensa* que está demasiada laxa después de los bebés, podrías tratar de hacer algunos ejercicios de los músculos pélvicos. Siéntate en el excusado la siguiente vez que quieras orinar y enséñate a detener e iniciar el flujo contrayendo y relajando los músculos pélvicos. Practica hasta que puedas detener e iniciar el flujo a voluntad, una y otra vez. Ahora puedes contraer los mismos músculos cuando no estés en el baño, quizá mientras vas al trabajo o esperas al hacer fila.

Mete un dedo y siente los músculos contraerse y después, cuando sientas que los has fortalecido lo suficiente, inserta un lápiz (sin punta) en la vagina y sujétalo con los músculos vaginales mientras tratas de sacarlo con los dedos. Cuando te sea difícil sacarlo habrás tenido éxito.

Si en verdad está flácida o si algo "baja", ve con el doctor.

*Hemos estado casados por dos años pero mi vagina hace los ruidos más alarmantes cuando tenemos sexo. ¿Qué puede ser?*

Esos ruidos proceden del aire que queda atrapado en tu vagina cuando haces el amor. No te preocupes, no puede hacerte daño. El pene no puede forzar el aire para que penetre en ti.

En ciertas posturas para hacer el amor es más probable que se atrape aire que en otras. Algunas mujeres dicen que las posiciones a cuatro patas son las peores en este sentido.

Cambia de postura para ver si lo remedia. De no ser así, piensa en ello como una broma, no es un problema serio.

*Tenemos una magnífica vida sexual y, sin embargo, mi novio aún lee revistas de chicas. ¿Por qué diablos lo hace si me tiene a mí?*

Por favor, no te preocupes, a los hombres les gusta ver mujeres sin ropa y a veces también es cierto lo contrario. Los hombres en verdad se "encienden" al ver y la mayoría dice que sin importar lo buena y gratificadora que sea su relación, aún les gusta ver el cuerpo de otras mujeres. Comprendo que consideres esas fotografías como algún tipo de amenaza, pero en realidad no lo son. Te tiene a ti y dices que el sexo es bueno para ti, así que, ¿por qué quejarse? Quizá tenga fantasías sobre qué tal serían las chicas como parejas sexuales, pero con compartir esto con cuidado, podrías estar preparada para ofrecerle lo que cree que *ellas* podrían darle.

*Uno de los labios vaginales externos cuelga mucho más que el otro y los labios internos son mucho más grandes que los de la mayoría de las mujeres. ¿Pudo producirse porque me masturbo?*

Es muy poco probable. Todos estamos formados de distinta manera, ¡aunque con el mismo modelo general! El tamaño y la forma de los genitales de la mujer son, de hecho, muy variables, para sorpresa de muchos hombres. No hay evidencia de que la masturbación haga daño a la forma o el tamaño de los genitales de una mujer, a menos, por supuesto, que estés haciendo algo extraño con ellos al mismo tiempo. Por favor, no te preocupes más.

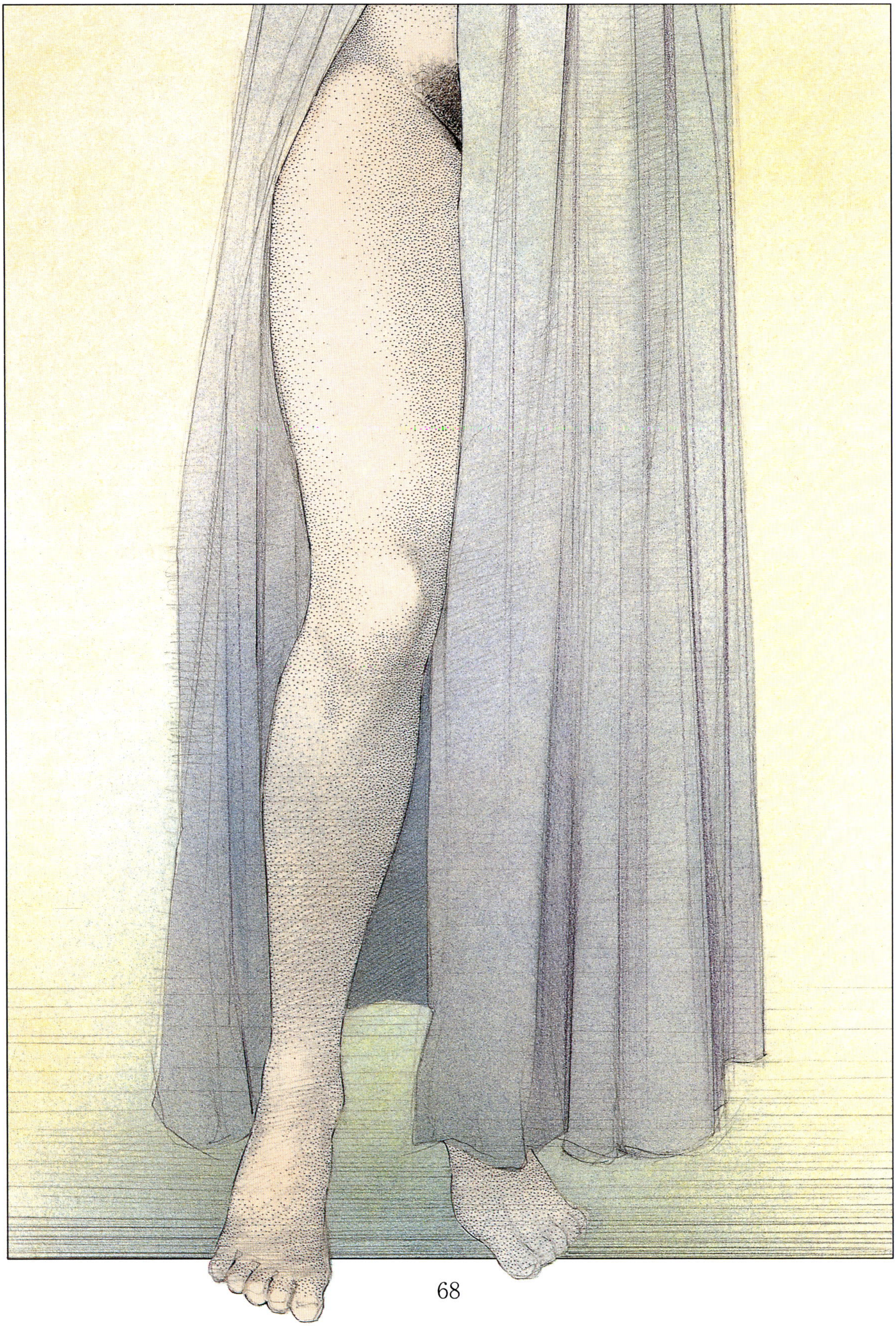

## Capítulo Cuatro

# Prepara el escenario

Para los miembros de la pareja que se aman y son amantes, el escenario casi siempre está puesto para hacer el amor, sin importar si se incluye algún tipo de actividad genital. Así que contra este fondo juegan, copulan y tienen coito. En este capítulo debemos examinar la forma de preparar el escenario para la vida romántica y sexual en una forma que haga la actividad sensual, sexual y erótica más gratificante y agradable.

# *HACER EL AMOR TODO EL DÍA*

*Ya que el énfasis se hace en el clítoris en la actualidad, muchas parejas olvidan que preparar un escenario para esta actividad puede ser tan agradable como el "verdadero sexo" en sí. Muchas personas comienzan su vida siendo muy amorosos, cercanos y románticos, pero conforme los años pasan y, quizá, las presiones empiezan a pesarles, todo cambia, normalmente para empeorar.*

Para mí, el término "hacer el amor" significa una expresión continua de mi amor por mi pareja, no algo que sólo involucra actividad genital. Es una lástima que tantas parejas piensen de hacer el amor como algo restringido y que después se pregunten por qué sacan tan poco beneficio de él. En un sentido, toda la vida de una pareja de enamorados es una forma de preparación para el coito. Pero después de decir esto, el acto sexual, o incluso copular, sólo toma una pequeña parte de nuestra vida en común. De acuerdo a mi definición, el resto del tiempo aún se puede dedicar a "hacer el amor", que es la razón de que llamáramos a este capítulo "hacer el amor todo el día".

Esta actividad continua de hacer el amor fija el escenario para toda conducta amorosa y de atención en una pareja. Es una forma de vida más que sólo un hecho, y refuerza el valor que se tienen ambos miembros, hora tras hora y día tras día. Todo lo que hace una pareja, incluso cuando no están físicamente cerca, puede ser aún una forma de mostrar su amor. El hombre en su trabajo puede hacer que lo que le toca hacer, sin importar lo insípido o aburrido que sea, celebre su relación mediante la producción de riqueza para su familia, o quizá específicamente para su pareja; es claro que una mujer que trabaja puede hacer lo mismo. Una mujer que es madre y la mayor parte de su tiempo en casa, cuidando a sus hijos, puede, de la misma manera, celebrar el amor por su hombre en la forma en que cocina, se encarga de la casa y se preocupa por sus hijos. De hecho, muchas mujeres me han dicho lo amorosas que parecen esas actividades, no sólo para ellas y para las personas implicadas, sino como parte de toda su "amorosidad".

Una pareja que vive así puede no tener relaciones sexuales con mucha frecuencia, pero están en contacto entre sí todo el día, todos los días, mediante este tipo de vínculo sexual implícito... que en su mayor parte es espiritual. Están ambos cónyuges en la misma longitud de onda, constantemente sintonizados con las necesidades sexuales, emocionales y espirituales. Una pareja así comparte un lenguaje privado, intercambian sus pensamientos con facilidad, incluso pueden saber lo que cada uno está pensando, y "saber", como por un sexto sentido, cuando el cónyuge desea relaciones sexuales o cualquier otra actividad genital.

Cuando dos personas se encuentran por primera vez, son dos individuos distintos, pero conforme maduran juntos con el paso de los años, se sintonizan mejor si viven en la forma que estoy sugiriendo, hasta que se convierten en "un cuerpo", en el sentido bíblico de la frase. Ahora el matrimonio adquiere una personalidad propia, es como una tercera entidad que vive con la pareja, bajo el mismo techo. Aún son ellos mismos, por supuesto, unos individuos tan únicos con sus intereses, amigos, entretenimientos, amores y odios (ninguno prevalece sobre el otro) pero el vínculo que comparten, llamado matrimonio, los une en una forma cada vez mayor, conforme pasan los años. Esto puede parecer extravagante pero es real para muchas parejas.

Es fácil comprender por qué, teniendo esto en mente, el divorcio puede ser tan terrible y de hecho, ser la razón de que mate a algunas personas, aunque sea lentamente. Unas personas han llamado al divorcio una "muerte en vida". Algo de cada uno muere cuando nos divorciamos y en una pareja que ha disfrutado de un buen matrimonio en alguna etapa, la muerte del matrimonio es lo que lamentan, sin importar lo que piensen uno del otro en ese momento en particular.

Hacer el amor todo el tiempo como fondo para el contacto sexual no siempre es fácil; así que, ¿cómo se puede llevar a cabo con cierto éxito? Existen numerosas formas y cada pareja encontrará su propio camino al éxito. Después de señalar esto, existen varios métodos demostrados que parecen ayudar y examinaremos unos cuantos aquí.

Muchas personas que trato tienen tan mala opinión de sí mismas que no es sorprendente que se sientan indignas de amor, sin valor y sin atractivo. Lo primero que necesitan es mejorar la imagen que tienen de sí mismas si van a lograr considerarse dignas de que las ame su pareja.

Un buen lugar para comenzar es examinar tu apariencia, ¿has descuidado tu aspecto? De ser así, examina bien tu ropa y tu apariencia general, quizá con la ayuda de un amigo de confianza o un profesional. ¿Has aumentado tanto de peso que no te ves bien con nada de tu vestuario? Si es cierto, prueba una dieta, únete a un grupo para bajar de peso o busca ayuda profesional si crees que las causas no se pueden manejar con sencillez. ¿Tu trabajo es aburrido? Cámbialo si es posible de alguna forma. Sé valiente, trata de no ser apático y afirma que no hay alternativa. Muchas personas me indican que sus trabajos espantosos las hacen sentir sin valor y según mi experiencia, un cambio de trabajo puede producir todo tipo de beneficios en una relación. Una vez que te liberas de la rutina, tu autoestima vuelve con gran rapidez. Dedicarte a un pasatiempo nuevo o dedicarte a nuevos intereses también te pueden ayudar mucho.

¿Tu familia o tus hijos son una causa de depresión?, ¿tienes preocupaciones de dinero?, ¿estás preocupado por tu salud? Busca ayuda profesional para corregir lo que sea, de manera que tu vida sea menos tensa, más gratificante y lo más importante de todo, que sientas que puedes volver a hacerte cargo.

Al mismo tiempo, reconsidera tu estilo de vida. Casi todos nosotros estamos tan ocupados que dedicamos muy poco tiempo a nosotros mismos y a nuestra relación, y luego nos sorprendemos de que no podamos, como lo sugiero, hacer el amor todo el día. Muchas parejas que trato, en especial las más jóvenes, están tan ocupadas ganando dinero que casi no tienen tiempo para hacer el amor, dentro o fuera de la cama. Me encargo de que paren el reloj cada semana y dediquen tiempo para sí mismos en sus agendas, ¡o es el final! Esta forma de disciplina mejora la situación con gran rapidez y comienzan a dar a su relación la prioridad que merece.

Otro problema que encuentro con frecuencia es la pareja que no puede crear un estado para "hacer el amor" ya que están demasiado juntos y hacen poco o nada como individuos. Examinamos este problema con más detalle en la página 31. Todos necesitamos pensar que somos individuos únicos y valiosos, no sólo la mitad de una pareja. Al hacer algo nosotros mismos, llevamos semillas a nuestra relación, donde se pueden sembrar para que crezcan para beneficio mutuo. Demasiadas parejas creen que estas semillas sólo proceden de dentro de la relación.

Una vez que empieces a evaluar tu vida y tu apariencia física, comenzarás a sentirte mejor. Después, considera tu dieta y la cantidad de ejercicio que realizas. Comer alimentos saludables puede hacer una gran diferencia para la forma en que te sientes en tu interior. He visto a muchos individuos florecer con una gran dosis de una preparación multivitamínica y de multiminerales que les prescribí. Años de mala alimentación y alimentos chatarra consumidos a la carrera, habían reducido su condición nutricional a un nivel ridículo. Después de un mes o dos de altas dosis de vitaminas y minerales, junto con algunas recomendaciones sensatas de cambios en sus pautas de alimentación, estos individuos se sintieron mejor y notaron un aumento del interés en su pareja sexual.

El ejercicio puede representar una enorme diferencia en la forma en que nos sentimos. Trata de establecer una rutina de ejercicios físicos fuertes, aparte del sexo, al menos tres veces a la semana. Esto ayuda a mantenerse esbelto, da tono a los músculos para el sexo, hace que te sientas bien en general y mejora la forma y el perfil de tu cuerpo. Todo esto hace que la persona promedio se sienta mejor consigo misma y, en consecuencia, más adorable y "digna" para su pareja.

Dormir es a menudo un área que se descuida, considera en serio tu cama y si es demasiado pequeña, demasiado suave o inapropiada en cualquier forma, deshazte de ella y obtén una nueva. Si es demasiado costoso, obtén un colchón nuevo. Examina la ventilación, la ropa que utilizas en la cama (si usas), la forma en que mantienen caliente la habitación en invierno, etc., hasta que hayas corregido cualquier causa que perturbe tu sueño, ya que despertar en la mañana repuesto es muy importante.

El siguiente paso que sugiero a las personas es que dediquen tiempo a proporcionarse placer físico solas, termine o no en masturbación. De vez en cuando, aparta una hora para darte un largo baño para remojarte y darte solo un masaje sensual, y después ve a la cama y acaríciate con amor, quizá hasta lograr el orgasmo, si te parece bien. Continúa haciendo amistad con tu propio cuerpo, volviéndote a familiarizar con lo que se siente bien y deleitarte en eso. Reconoce las partes buenas y malas de tu cuerpo y siente verdadero placer por todas. No necesitas tener un cuerpo perfecto para ser atractivo. Sé realista respecto a lo que no puedes cambiar, y sin embargo, debes estar preparado para cambiar lo que puedas. Concéntrate en tus puntos buenos y pon los malos en la perspectiva correcta.

Dedicar tiempo a proporcionarte placer debe marcar el inicio de dedicar tiempo a hacer lo mismo con tu pareja. Una persona que siente que es muy poco importante para hacer esto difícilmente pensará en sí misma, de acuerdo a mi experiencia, como alguien valioso para su pareja. La mayoría de las personas nos acepta de acuerdo a la valoración que hacemos de nosotros mismos. Dedicarte tiempo, a

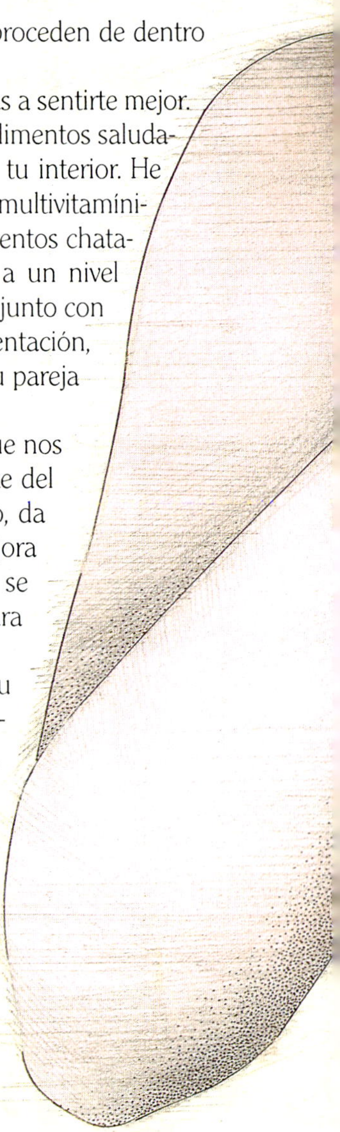

*Los juegos eróticos de este tipo mantienen la acción de hacer amor en la parte más alta de s agenda como pareja. Su creat y su placer mantendrán al má la buena voluntad. Como resul las discusiones son pocas y los placeres sexuales numerosos.*

lo mejor para darte un baño, para redescubrir el placer de tu propio cuerpo, si eres mujer, a maquillarte cuidadosamente, a arreglarte bien el cabello, a mostrar algo de respeto por la nutrición de tu cuerpo, a su forma o estilo, hace que sea más posible que hagas lo mismo por tu pareja. No sólo te sentirás más adorable y digno de tu pareja sino que también apreciarás a tu pareja de esta manera.

Una parte importante de este aprendizaje sobre nosotros implica volverse un verdadero experto en tus respuestas sexuales. La mayoría aprendimos a masturbarnos más bien en secreto y a la carrera durante la infancia o la adolescencia y, como resultado, tal vez hemos aprendido malos hábitos que han permanecido con nosotros hasta la madurez. Muchos hábitos de este tipo no nos sirven en nuestra relación de exclusividad y bien podríamos "desaprenderlos".

Creo que nos corresponde alcanzar una confianza total en nuestras respuestas sexuales de manera que cuando las compartamos con nuestra pareja en el acto sexual o en la estimulación erótica que le precede, lo hagamos desde una posición de fuerza y conocimiento.

Como una extensión del tiempo personal que dediques a acariciar tu cuerpo y a proporcionarte placer físico, vuelve al principio y explora tus genitales y sus respuestas. Prueba nuevas sensaciones, perfecciona tus viejas técnicas, trabaja con nuevo material de fantasías, trata de disminuir o aumentar el tiempo de tu ciclo orgásmico (lo que sea apropiado), y enriquece tu sexualidad en general. No sólo es una inversión para tu relación, sino que te da la paz mental (lo que es más importante) que procede de valorar tu sexualidad *por ti mismo* y no sólo en el contexto de tu relación. Esto puede aligerar o eliminar la presión del lado genital de tu relación ya que sabrás que puedes satisfacerte solo.

Por lo general, el hombre que sigue estos pasos descubre que quiere menos sexo con su pareja pero esto no quiere decir que no le proporciona placer a ella de alguna otra manera. Sin embargo, una mujer que se proporciona placer normalmente encuentra que su termostato sexual completo está a un nivel más alto y, de hecho, que quiere más sexo de lo normal. Por esta razón animo a mis pacientes de sexo femenino que tengan problemas para hacer frente a su imagen corporal, con la excitación o la ejecución sexual, que se masturben con mucha frecuencia. Es como si su propia valoración de su sexualidad elevara su expectativa personal de que su compañero estará igual de encantado, algo que normalmente sucede.

Una extensión natural de esta etapa es que ambos hagan del masaje sensual una parte de su vida amorosa juntos. He descubierto que esto sólo puede lograr que las parejas hagan el amor con más frecuencia, y no me refiero al coito. Aprender a darse placer uno a otro sin que después deban tener sexo es una inversión definida para el futuro; y también es un verdadero placer.

A continuación, deben comenzar a fortalecer sus destrezas de comunicación. Éstas son el tema para un libro completo pero las siguientes pautas te ayudarán algo, aunque se concentran principalmente en la comunicación verbal.

En primer lugar, mantén las áreas "prohibidas" al mínimo. Gran parte de la falta de armonía entre parejas se produce por plantear en su vida problemas que son tan complicados que parecen minas en un campo. Una pareja con muchas minas de este tipo, o áreas prohibidas, no se atreve a comunicarse en algo de importancia ya que en cuanto lo hacen, pisan una mina y la relación explota. Así que es poco sorprendente que tales parejas digan poco, en especial, acerca de los asuntos que en realidad son importantes en la vida. Algunos ejemplos de estas áreas prohibidas podrían ser los senos, la impotencia de él, la madre de ella, la escuela de los hijos, el trabajo de ella, que él beba, etc. Es obvio que no es posible que dos individuos puedan estar de acuerdo en todo, pero una buena amistad debe poder resistir gran cantidad de desacuerdos. Después de todo, no existen respuestas absolutas a la mayoría de los aspectos de la vida y nuestro punto de vista debe ser valorado tanto como el de otro. Muchas áreas prohibidas se presentan porque demasiados hombres fueron criados pensando que las mujeres son completamente diferentes a ellos... casi como si fueran de otro planeta. Así que estas personas sostienen que esto hace que sea "imposible" tratar con las mujeres.

Ningún malentendido de estos es necesario en una relación amorosa. Aborden un área prohibida a la vez, quizá deban escribirse cartas sobre el tema e intercambiarlas; he descubierto que esto funciona bien. Después continúa con una conversación en un lugar privado, lejos de la casa, en una zona neutral. Concéntrense estrictamente en el tema y no se salgan por la tangente ni traten de incluir todos los males del mundo... o de la relación. Una vez que logren eliminar un área prohibida será mucho más sencillo discutir otros. Sin embargo, si la situación se complica, busquen ayuda profesional.

Lo segundo que se debe recordar es que tu pareja probablemente es tu mejor amigo y que es equivocado esperar que sufra el efecto de tus frustraciones sólo porque está a la mano. Hay un límite a lo que cualquiera de nosotros puede soportar y si tienes una frustración fuera de la relación, intenta resolverla con quienquiera que sea la persona implicada en lugar de castigar a tu pareja por ella, aunque sea en forma inconsciente. Ten muchísimo cuidado con frases peligrosas como: "¿Cómo podrías entenderlo, si sólo eres mujer?", o "¿Qué tipo de hombre crees que eres?" Estos comentarios dañan profundamente y pueden quedar fijos en la memoria. Dañan enormemente el amor cotidiano. De hecho, unos cuantos comentarios de este tipo que se hacen por enojo o frustración, pueden necesitar semanas de conducta amorosa para que se corrijan, y muchos nunca se reparan.

De todos modos discute, pero no dejes que los debates se conviertan en pleitos. Trata de discutir constructivamente y manténte en el tema. Si cambias de tema, toda la relación puede entrar en la discusión muy pronto, un cónyuge se ofenderá y saldrá muy enojado o terminará durmiendo en el cuarto de huéspedes. Trata de llevar a cabo tus discusiones durante el día, no un poco antes de ir a la cama en la noche, cuando ambos están cansados. Las mujeres se quejan amargamente porque sus maridos no les dejan expresar sus verdaderos sentimientos o porque no se sienten comprendidas por su pareja. Si eres hombre y lees este libro, trata con más ganas de dejar que tu compañera diga lo que quiera, dale tiempo sin interrumpirla y deja bien claro que has comprendido lo que dijo. El problema de pasar demasiado tiempo discutiendo en una pareja, es que aunque el "receptor" puede *oír*, es posible que no *escuche*. Trata de entrenarte en el hábito de lo que se llama audición reflexiva. Confirma lo que piensas que son las preocupaciones de tu pareja al volverlas a expresar en tus propias palabras, sólo para asegurarte de haberlas comprendido exactamente. Esto no sólo muestra que en verdad estás escuchando, sino que de inmediato aclara los puntos y hace que la persona que habla se sienta comprendida.

Cuando uno de ustedes haya terminado de hablar, puede continuar el otro. Después de esto, comparen notas y reconozcan en qué *pueden* estar de acuerdo. He descubierto que hacer que las parejas escriban un resumen de los puntos en que están de acuerdo funciona muy bien. Es una fuente de interés constante para mí ver cuántas parejas empiezan pareciendo estar peleados a muerte sólo para terminar, al menos en una sesión de terapia, con mucho más en común y más puntos de acuerdo de lo que hubieran creído posible. Esto es muy alentador y apoya mi opinión de que el proceso se debe repetir en el hogar, si funciona.

Lo siguiente que debes tener en mente cuando te comuniques, en especial si es sobre sexo, es que es demasiado fácil hacer suposiciones sobre nuestro cónyuge basándonos en nosotros mismos. Esto significa que nosotros, a menudo en forma totalmente inconsciente, imaginamos que nuestra "agradable" pareja no hará ciertas cosas o, por el contrario, que "como es hombre" haría otras. Todos cometemos el error de pensar, y a menudo decir, "si en verdad me amaras no harías X, Y o Z", mientras que nuestra pareja no entiende cómo X, Y o Z tiene algo que ver con el amor. A todos nos criaron para considerar diversos tipos de conducta como aceptables o inaceptables, en diversos grados, y solemos suponer que nuestra pareja comparte estas expectativas, sin importar si en verdad aplican.

Esto revela lo atentos que debemos ser para poder impedirnos hacer suposiciones dañinas sobre nuestra pareja basándonos en nuestra infancia o en relaciones previas. Concentrarnos en nuestra pareja como un individuo único ayuda en gran medida pero necesitamos tener especial cuidado, ya que las generalizaciones absurdas pueden introducirse incluso en las conversaciones más afectuosas.

Otra regla útil cuando nos comunicamos sobre cualquier tema, no sólo el sexo, es contenernos de hacer amenazas; nunca amenaces a tu pareja. Es nocivo y perjudicial y un día pueden reclamar tu fanfarronada. Un problema importante que se presenta cuando se lanzan amenazas es que la persona que amenaza a menudo descubre que han basado su evidencia en suposiciones erróneas. He encontrado que esta situación surge mucho en el trabajo marital. Cuando comprende la realidad la persona, las amenazas dejan de ser necesarias y entonces se siente bastante tonta. Incluso si tu pareja responde a una amenaza, es difícil que se sienta bien al respecto y pronto albergará resentimientos. Entonces se siembran las semillas de la falta de armonía marital.

Por último, trata de nunca castigar a tu cónyuge; muchas parejas castigan deliberada o inconscientemente a su pareja y en algunas relaciones se puede convertir en un circuito nocivo. El sexo sufre, las labores domésticas y el cuidado de los hijos se descuidan y la calidad de vida rápidamente se hunde. La mayoría de las parejas afectuosas han aprendido por experiencia que estos episodios belicosos son tan dañinos que deben resolverlos antes de que se salgan de control.

Por supuesto, existen muchos otros aspectos básicos de los que debes darte cuenta cuando te comunicas en temas importantes, en especial, de sexo, pero una pareja que tiene estos puntos en mente, no se equivocará.

Incluso la pareja que se comunica bien y es accesible en temas de interés, en ocasiones encontrará que necesita pasar tiempo junta, sola, para recargar sus baterías emocionales y físicas si quiere seguir siendo afectuosa y mantener su intimidad, día tras día y año tras año. No hay mejor manera de lograrlo, que yo conozca, que unas vacaciones sensuales. Esto se discute en la página 32.

Los miembros de una pareja que hayan trabajado con su relación en la forma que se esboza en este capítulo pronto comenzarán a sentirse como si fueran quinceañeros enamorados, aunque es posible que también sean padres responsables, trabajadores, adultos capaces y tengan una parte activa en la sociedad. Durante la vida cotidiana no dejan pasar las oportunidades para besarse y abrazarse, se tocan mucho, se dicen naderías agradables, se felicitan en lugar de criticarse, nunca olvidan aniversarios y cumpleaños, nunca atacan la personalidad del otro, están conscientes del estado de ánimo del otro y "saben" cuál es la temperatura sexual en cualquier momento.

Si el cónyuge no desea sexo, puede ayudar al otro para que no se quede frustrado. Ambos conocen la diferencia entre copulación y relación sexual (ve la página 34), nunca se obligan a hacer algo sexual con lo que no se siente a gusto uno de ellos y no interpretan las diferencias de opinión ni las preferencias sexuales como una señal de conducta no afectuosa. La falla sexual o las desilusiones se resuelven con facilidad ya que contra el fondo afectuoso todos los problemas se ven como son y se tratan adecuadamente.

Es interesante que en las buenas relaciones, donde las parejas están haciendo el amor en esta forma la mayor parte del tiempo, las fallas sexuales y las desilusiones se tratan con poca contemplación. Tanto mi experiencia clínica como otros estudios formales han encontrado que quienes tienen un matrimonio "feliz", como lo clasifica el mismo, tienen menos posibilidades de ver fallas sexuales, problemas de ejecución y dificultades para la excitación como "problemas". De hecho, la gran mayoría de estas dificultades nunca se llevan a un profesional ya que la relación está funcionando en forma tan satisfactoria en otros niveles que no parece necesario.

Aunque podría ser totalmente erróneo que sugiriera que los problemas sexuales se presentan sólo en relaciones sin amor e insatisfactorias, es ciertamente verdad que una relación que hace el amor todo el día no considera esos problemas algo tan importante como en relaciones menos satisfactorias. Siempre se ha dicho que hay más problemas sexuales en este momento que antes, pero yo creo que siempre han existido abundantes "resfriados" y "gripes" sexuales y que las relaciones apropiadas y afectuosas han sobrevivido porque su sistema inmune marital era muy efectivo. Lo que creo que estamos experimentando en la actualidad es un tipo muy difundido de "SIDA marital", en el que el sistema inmune de muchas parejas es tan deficiente que la relación muere a la primera señal de "enfermedad" sexual.

La mayoría nos casamos con buenas intenciones pero con el paso de los años todo puede descarriarse y la relación se puede empobrecer en lugar de enriquecerse. Si nos las arreglamos para lograr un sentido digno de amor por uno mismo, estaremos en posición de amar a nuestra pareja *por ella misma,* no como una extensión de nosotros. También podremos, si desarrollamos nuestra intuición, dejar de proyectar nuestros descontentos y defectos de personalidad a nuestra pareja, como si fueran sus problemas. En pocas palabras, al hacernos responsables por nuestra conducta, permitimos que nuestra pareja sea verdaderamente ella y, en consecuencia, más libre para ser amada. Este tipo de crecimiento requiere tiempo y una considerable cantidad de esfuerzo, pero vale la pena ya que mientras cambiamos nuestra comprensión y conducta, nuestra relación también puede cambiar. Por lo general, el cambio es doloroso, incluso si el resultado parece positivo a largo plazo. Hacer el amor todo el día ayuda a una pareja a hacer frente a un cambio y crecimiento de este tipo.

Muchas parejas con las que discuto todo esto, piensan que parece como un sueño que es poco probable alcanzar. De hecho, para muchas *es* difícil. Pero en mi experiencia personal y clínica no existe un sustituto. Para pintar el escenario sexual, el lienzo en que se debe crear necesita estar en la mejor condición posible. Sólo si hacemos el amor todo el día podemos esperar lograrlo.

# CÓMO CREAR UNA ALCOBA ROMÁNTICA

*En ocasiones, la mayoría de las parejas hace el amor en lugares que no son su alcoba, como pronto veremos, pero la mayor parte del sexo aún tiene lugar allí. Es algo más bien triste que tan pocas personas han dedicado en realidad a su alcoba, que debería ser su "nido de amor", la consideración que requiere. En esta sección sugiero cómo corregir eso.*

La alcoba de la pareja promedio es poco romántica pero existen varias formas para mejorar la situación a un costo y esfuerzo relativamente bajos.

Asegúrate de escoger la mejor alcoba, teniendo en mente hacer el amor. La mayoría de las parejas escoge la alcoba más grande de la casa, pero si es posible seleccionar una que esté cerca de una habitación que no siempre se emplea sería ideal, desde el punto de vista del aislamiento acústico. La mayoría de las casas modernas tienen un pésimo aislamiento acústico de manera que puedes querer mejorarlo recubriendo las paredes que colindan con otras alcobas con paneles o tapices densos. Las cortinas gruesas y las alfombras también ayudan a amortiguar el sonido ya que es muy inhibidor tener que actuar en formas que no molesten a quienes están en habitaciones cercanas.

De ser posible, procura que tu alcoba tenga baño. Será suficiente una palangana para lavarse, pero poder darse un regaderazo o bañarse juntos en tina añade una dimensión agradable a hacer el amor una tarde. También es agradable poder andar desnudos sin encontrarse con otras personas de la casa.

La iluminación es muy importante; procura tener iluminación que se pueda oscurecer, o varias luces pequeñas, tal vez junto a la cama, que te permitan crear un nivel bajo de iluminación cuando se requiera. Para una tarde en verdad romántica, utiliza velas acomodadas con cuidado en un candelero seguro.

El calor adecuado es un requisito muy importante en una alcoba. En algunos países fríos, la temperatura de las alcobas se mantiene tan baja que gran parte del año sólo las parejas más determinadas pueden disfrutar de los preliminares sensuales del sexo. Si tienes calefacción central, la habitación tendrá cierto calor de fondo la mayor parte del tiempo, pero en adición a éste, es vital tener un calentador de convección para poder calentar la habitación más rápido antes de que te propongas tener sexo. Prende el calentador al menos media hora antes de que quieras usar la habitación. Eliminar las corrientes de aire y cortinas gruesas también serán útiles.

Es obvio que la cama es la característica central de una alcoba sexy y atractiva. Obtén la cama más grande que puedas permitirte y que te permita el espacio. El colchón debe ser firme para hacer el amor y por lo general, un colchón así también se considera lo mejor para dormir. Si el colchón es demasiado flexible, la pelvis de la mujer se puede hundir en la cama y hacer la penetración difícil e incluso dolorosa.

A algunas parejas les gusta arreglar con esmero su cama para que sea más romántica. Un dosel, una colcha bonita o incluso una cama con postes, pueden ayudar a producir un toque especial al momento de acostarse y de hacer el amor. Las sábanas de satén o de seda son la elección más sensual y sexy, pero son poco prácticas para lavar. También son costosas así que muchas personas se conforman con sábanas de poliéster y algodón, las cuales, aunque no muy sensuales, son al menos prácticas. El edredón y las colchas quizá sean lo más práctico para hacer el amor aunque a algunas personas les gusta estar envueltas en sábanas y mantas. Unas cuantas almohadas extras pueden ser útiles para ciertas posiciones para hacer el amor.

Si tienes suficiente espacio, otro mueble que vale la pena adquirir es una silla. Ésta debe ser firme y recta, sin brazos, de manera que se pueda uno sentar a horcajadas. Un sofá con cabecera para recostarse es para verdaderos expertos. Sugiero mantener el suelo lo más limpio posible para que tengan espacio suficiente para recostarse juntos y darse un masaje o incluso hacer el amor. Una alfombra, sin importar lo barata que sea, es una buena inversión.

Si te gustan los juguetes sexuales y los materiales eróticos, ten un cajón o armario especial que puedas cerrar con llave para evitar a los entrometidos y mantener sus dedos fuera de tus cosas. Las fotografías eróticas pueden ayudar a crear un estado de ánimo sexy pero deben ser los bastante sutiles y razonables por si otros entran en tu alcoba.

A algunas personas les gusta verse a sí mismas o a su enamorado en un espejo mientras hacen el amor. Esto se puede lograr poniendo puertas con espejo en el guardarropa o incluso con un espejo de pie. Este tipo simple de voyeurismo es excitante para algunas personas, pero en realidad desconcierta a otras, ya que revela lo gordo que está su trasero o lo tontas que se ven cuando hacen el amor. Prueba para decidir por ti mismo.

Con la caída de los precios de los artículos electrónicos, algunas parejas pueden darse el lujo de comprar una segunda televisión y video para su alcoba. Aunque la televisión en la cama no conduce al sexo en circunstancias normales, si se emplea para ver una película sexy, puede mejorar tu vida sexual. Ten cuidado en que una televisión no moleste o domine en la alcoba.

Una caja de pañuelos de papel es algo esencial en cualquier mesa de alcoba. Una mujer puede utilizarlos después del sexo, de manera que no se tenga que levantar a lavarse. El hombre puede usar uno para secarse el pene, son convenientes para retirar semen de la boca después de tener sexo oral, si a la mujer no le gusta tragarlo, y pueden ser muy útiles si la mujer está menstruando.

Por último, ¿qué hacer con los aromas? Obtén un perfume para habitaciones, velas perfumadas, flores frescas y fragantes o pebetes perfumados para fortalecer el estado de ánimo y hacer que tu alcoba sea un lugar agradable.

Es claro que crear el estado de ánimo de tu alcoba implica más que los muebles básicos que pones en ella. Ambos deben darse tiempo para planear juntos la alcoba como un acto de amor. Traten de complacerse uno a otro al escoger las decoraciones e incluso, quizá, en un esfuerzo práctico de renovación.

Después de todo es *su* habitación personal, su retiro privado del mundo, un lugar en el que tal vez lean o hagan algo distinto a hacer el amor, un espacio propio que les permita estar juntos, lejos de los problemas del mundo.

En el tumulto de la vida diaria, muchas parejas descubren que dedicarse tiempo y un espacio puede ser casi imposible. Si tienen una alcoba que les atraiga, verán que en forma muy natural pasan tiempo juntos en ella. Conforme progresen en su vida sexual o matrimonio, pueden querer modificar la alcoba para ajustarse a su estilo actual de vida amorosa. Tales alteraciones simplemente reflejarán los cambios más profundos que están teniendo lugar en su relación conforme madura.

# COMPARTIR FANTASÍAS

*Compartir fantasías es una forma maravillosamente íntima para llegar a conocer y comprender mejor la sexualidad uno de otro. Por supuesto, necesita hacerse con sensibilidad y amor, pero si se logra hacer es una de las mejores formas posibles para crecer juntos en lo sexual.*

Como cualquier artículo sobre el tema en una revista para mujeres te indicará, los sueños y las fantasías revelan mucho sobre nuestra mente inconsciente. De hecho, en ninguna parte es más cierto que en el tema del sexo. Dado que la mayoría encontramos difícil comunicarnos bien sobre nuestras verdaderas necesidades y deseos sexuales, incluso si estamos conscientes de ellos, y a menudo no es así, compartir fantasías es una excelente forma de llegar a conocernos mejor.

Cada uno de nosotros tiene una personalidad sexual única (a lo que llamamos nuestra sexualidad) y estamos conscientes de una parte, pero no de toda. Existe todo tipo de necesidades, deseos, gustos y fantasías inexplicables que pueden aparecer cuando estamos solos masturbándonos, en nuestros sueños por la noche o en el día, o incluso cuando hacemos el amor. Como nos han enseñado a reprimir tales pensamientos, muchos de ellos se han sofocado y permanecen en nuestro inconsciente permanentemente. Sin embargo, no se pierden, siempre están ahí, listos para que se utilicen para el bien o para el mal, dentro o fuera de nuestra relación. Los terapeutas usan este tipo de información para aprender más sobre el inconsciente de un individuo con el fin de comprender mejor a la persona de lo que sería posible en otra forma.

Pero compartir fantasías no es tan fácil como podría parecer y antes de que intentemos hacerlo es esencial estar seguros de tus motivos, lo cual puede ser difícil. Sólo existe una razón válida para compartir fantasías y es enriquecer y mejorar nuestra relación. Revelar tus cosas basándote en "así es como soy y será mejor que lo sepas y lo enfrentes", no es afectuoso e incluso puede ser manipulador o intimidante.

La contraseña al compartir fantasías es precaución. Si tienes dudas, mantén la boca cerrada y cuando digas algo, presta mucha atención a la reacción de tu pareja. Sólo porque algo parece muy normal y aceptable para *ti* no necesariamente significa que será lo mismo para tu pareja. Como resultado, más que empezar con un tema que sea importante para los dos, es posible que en realidad cerraras la puerta, quizá por meses o años. Esto hace que la precaución sea vital si en verdad deseas avanzar en tu relación.

Otro aspecto para recordar es que una vez que tu compañero sabe algo, ya no puede olvidarlo. Esto en sí puede causar nuevos problemas; una de mis pacientes tuvo la fantasía de que la ataran y la tomaran por la fuerza varios hombres de inmediato. Ella compartió esta fantasía con su hombre sólo para descubrir que él estaba horrorizado. Ahora estaba enfrentando el dilema de encontrar cómo él, un hombre sensible, decente y afectuoso, podía ajustarse a la vida sexual de una "maniaca sexual", como él lo expresó.

A lo mejor en este punto debo retar el mito de que todas las fantasías son deseos o necesidades no cumplidos; no es cierto. Muchas personas tienen fantasías que, si de da la posibilidad, evitarían totalmente en la vida real. La mujer que cité antes es un ejemplo. Éste es

*Esto empezó como la fantasía de ella, pero al compartirla con su enamorado, descubrió que era una que él también disfrutaba. Ésta es una experiencia común para parejas que están bien acopladas.*

parte del éxito de las fantasías, no necesariamente se espera que se actúen en la realidad. De hecho, algunas personas dicen que cuando tratan de hacer verdad su fantasía favorita, le sale mal al ser una desilusión. Recuerda que la esencia de las fantasías es que son controlables por la persona a quien pertenecen. En una fantasía, los hombres o las mujeres son todos atractivos, sexualmente estimulantes y hacen exactamente lo que el dueño de la fantasía quiere. Esto es muy improbable en la vida real ya que las personas de la fantasía también tendrían voluntad y sexualidad propias, que querrían imponer en el individuo. Si hacer realidad la fantasía es una desilusión, el individuo podría perder algo de verdadero valor ya que la fantasía en sí puede ahora volverse redundante.

Algunos hombres, y no pocas mujeres, dicen: "Si en verdad me amaras, harías... (lo que sea)". Esto causa bastante presión a quien se lo dicen para hacer que algo suceda o parecer poco afectuosa. Algunas personas incluso pondrán en peligro toda su relación si se da esta presión, pero, es común que sea una señal de un problema mucho mayor. Por lo general, el individuo está tratando de probar la relación, aunque sea en forma inconsciente, pero a menudo la prueba es irreal ya que el cónyuge no se da cuenta de que actuar su fantasía es algún tipo de prueba de su amor. Por lo tanto, compartir fantasías por razones incorrectas puede ser peligroso. Sin embargo, para muchas parejas, el mayor problema es no compartir nada, por miedo a que piensen que uno es lascivo, está loco por el sexo, es un pervertido, imposible de satisfacer, sucio, pecaminoso o tan sólo extraño.

Es obvio que compartir fantasías se debe hacer con precaución. Escoge el momento con cuidado, de preferencia cuando se sientan muy excitados. Sugiere una pequeña parte de la fantasía, tal vez como una historia y date cuenta de la forma en que reacciona tu pareja. Esto requiere de valor al principio por miedo al rechazo, pero ten en cuenta que los terapeutas maritales y sexuales a menudo encuentran que las parejas tienen fantasías sorprendentemente similares pero no se dan cuenta hasta que las comparten. Esto puede suceder porque la pareja está muy sintonizada a nivel inconsciente.

Comenzar puede ser complicado porque puedes no tener idea alguna sobre las fantasías de tu pareja. Una conversación directa puede tener éxito en una relación franca y sincera, pero muchas personas encuentran que la observación cuidadosa funciona mejor, de preferencia después de un tiempo. Observa lo que a tu pareja le gusta leer, qué es excitante para ella durante películas y videos, o mientras lee libros y revistas. Después de obtener algunas ideas, introdúcelas en una fantasía que sepas que le agradará y después trata de lograr que tu pareja te indique qué le afectó mejor... si aún no lo averiguas de sus respuestas. Este enfoque no sólo pone al descubierto fantasías ya existentes y las hace más fáciles de compartir, sino que también crea otras nuevas, que se pueden personalizar al hacer el amor.

Leer las cartas sensuales de las revistas eróticas es otra fuente de material de fantasía. Una vez que se hace la sugerencia, aunque sólo sea una carta de la revista, incluso una pareja muy tímida empezará a relevar lo que de otra manera hubiera permanecido sin decir. Un poco de alcohol ayuda en este ejercicio.

Algo que es popular entre muchas de mis parejas es tratar de escribir un esbozo de video sexual. Les pido que creen un "guión" para una película verdaderamente sexy que van a dirigir. Puede contener todo lo que quieran pero debe ser muy estimulante para ambos. Si los cónyuges hacen esto por separado y después intercambian guiones, pueden aprender mucho de las fantasías del otro.

En ocasiones, compartir las fantasías en verdad abre una relación. Es frecuente que la mujer que parece tímida e inhibida revele sorprendentes fantasías y su pareja la ve bajo una nueva luz. El hombre tímido que tiene fantasías sobre mujeres violándolo está diciendo en forma posiblemente inconsciente que quiere que su pareja tome la iniciativa al hacer el amor, aunque sólo sea por un momento. Estas revelaciones pueden ser una luz en algunas parejas con problemas. De hecho, es una de las terapias más útiles que empleo en estas situaciones. Esta honestidad, quizá después de toda una vida juntos, puede alterar la posición en forma tan drástica que los cónyuges se ven entre sí de nuevo y su vida sexual prospera como nunca antes.

Pero sólo porque algo se revela no necesariamente debe, como hemos visto, ponerse en práctica. Actuarlo, si se hace, debe abordarse con precaución, en forma indirecta y no bruscamente. Así, por ejemplo, a una mujer que se opone fuertemente al sexo anal en la vida real, y que sin embargo tiene fantasías con esto frecuentemente, se le puede hacer el amor en una posición de entrada por detrás, a gatas, lo que al final conducirá a incorporar el verdadero sexo anal, aunque es posible que no.

Todo lo que no se pueda proporcionar de hecho, un cónyuge afectuoso lo puede crear en la fantasía. Por ejemplo, un hombre que tiene fantasías sobre una famosa artista de cine, puede revivir un encuentro sexual con ella en una fantasía si su pareja lo hace bastante real hablándole como ella durante la fantasía mientras hacen el amor.

Un buen juego que funciona bien se llama "susúrrame en el oído". En él, la mujer (o el hombre si el juego se está realizando al revés) murmura en el oído de su pareja una historia de gran placer sexual. El secreto es tramar una historia que contenga elementos detallados de lo que sabemos que excita a tu pareja. Al especificar con cuidado todos los detalles, te aseguras que tu pareja reciba el máximo placer. Para que este juego funcione mejor, necesitarás hablar sobre la historia después, en algún momento, para que te asegures que dijiste lo correcto. Después de indicar esto, el amante promedio puede discernir con bastante facilidad cuáles elementos de la narración son más excitantes vigilando la excitación sexual de su pareja. La investigación para estas historias se llevará a cabo durante un largo periodo al vigilar conscientemente lo que estimula a tu pareja en todo tipo de situaciones en la vida. Una vez que encuentres un tema verdaderamente apropiado que excite a tu pareja, síguelo al pie de la letra, añadiendo sólo pequeñas variaciones ya que, como con la masturbación, a la mayoría de las personas le gusta que sean predecibles estos materiales para excitación. Algunas parejas encuentran que funciona mejor tomar el papel de los sujetos de la historia.

El único peligro verdadero posible en este tipo de compartir es si la fantasía es de alguien a quien ambos conocen. Quizá sea imprudente animar a tu hombre a tener fantasías con la vecina, no vaya a ser que la fantasía, con este pequeño codazo, se haga realidad. De la misma manera, aconsejo a las parejas no alentar las fantasías criminales del otro, por ejemplo, tener sexo con niños.

Sin embargo, otras necesidades que sólo son "extrañas" se pueden cumplir con mucha facilidad en una fantasía. De hecho, según mi experiencia, y la de muchos otros terapeutas, muchas fantasías se pueden anular con tiempo, aceptación y atención. A menudo se reemplazan con material que es más "saludable", en especial si la pareja proporciona todas las ideas correctas y lo ayuda con material para sustituirlo. Para algunas personas, las fantasías en general, o ciertas fantasías, son tan personales que no desean compartirlas, ni siquiera con sus seres amados. Esto está bien, todo tenemos nuestros límites y ciertas fantasías parecen perder su poder para ayudarnos si las compartimos. Para algunas personas, una fantasía particular es como un talismán sexual que se debe usar para que tengan una buena ejecución o incluso para poder funcionar. Tal vez para ellas, hacer pública esa fantasía podría robarle su magia. De hecho, es lo que me han afirmado algunas personas.

Si deseas desesperadamente actuar una fantasía pero tu pareja no accede a participar, puedes tener un problema. He sugerido algunas formas para superarlo pero si éstas y otras similares, no funcionan, sé prudente sobre tratar de satisfacer tu fantasía fuera del matrimonio. A menudo, este material actuado con una prostituta, o en una aventura, resulta demasiado pobre respecto a lo esperado y es posible que dañaras tu relación, incluso con sólo buscar afuera. La mayoría de las parejas afectuosas pueden ajustarse a las necesidades del otro, aunque sólo sea en una fantasía. Con algo de sentido común, creatividad y amor, son pocas las personas que de ninguna manera satisfacen sus necesidades. El problema con buscar fuera de tu relación es que es demasiado fácil interpretar en exceso el valor de la fantasía que se está actuando y descuidar el verdadero valor de la pareja que ya se tiene. Aunque la nueva pareja consiente en hacer reales tus fantasías, no necesariamente es una mejor pareja en todos los puntos, de hecho, puede ser casi imposible adoptar una decisión racional en el tema, así de embriagador es este asunto.

Una razón de que muchas personas no se atrevan a compartir sus fantasías es que temen ser las únicas que tienen una idea tan ultrajante. Esto resulta en verdad obvio cuando trabajo con parejas. El hombre, en su propia semana, declarará, con considerable miedo y trepidación, alguna fantasía "indecible" (quizá compartida por ocho millones de personas más en el país), sintiéndose avergonzado por ella y me pedirá que me asegure de no decírsela a su esposa. La esposa me había contado la semana anterior lo mismo de una fantasía muy similar. Fue un placer ver sus caras cuando se les habló de esta situación, no sólo porque se dieron cuenta de que tenían más en común de lo que habían pensado sino porque no eran tan extraños como habían temido.

Las fantasías masculinas comunes involucran figuras públicas, mujeres específicas conocidas por el hombre, llevando a cabo acciones familiares con su pareja, realizando acciones experimentales con su pareja, fantasías homosexuales y muchas más. Las fantasías femeninas varían mucho pero la más popular es sobre algo que han hecho con su pareja y que disfrutaron especialmente. Esto a menudo implica la creación de un escenario muy romántico, tal vez en unas vacaciones. Las fantasías sobre alguien que conocen o con quien trabajan son comunes, como en los hombres; los hombres famosos figuran en un lugar muy alto, las fantasías homosexuales son mucho más comunes de lo que la mayoría de las personas se imagina, así como fantasías en que participan animales. Ser dominante, ser una esclava, ser golpeada o que abusen de ella en alguna forma es una forma muy popular de fantasía femenina, como lo son muchos tipos de fantasía que involucran que se les obligue a tener sexo "contra su voluntad". El sexo con más de una pareja o con el cónyuge mirando mientras alguien le hace el amor también es una fantasía común en ambos sexos.

Cualquiera que sea tu fantasía, sé un poco precavido sobre cómo y cuándo la empleas, si tu pareja lo sabe. Por ejemplo, si sabemos que tu favorita es sobre un enamorado anterior y lo que solía hacer contigo, está muy bien e incluso podría enriquecer su vida en común, pero si tu hombre se siente abatido por alguna razón, o si está experimentando alguna dificultad sexual, podría sentirse muy molesto de saber que estabas teniendo una fantasía con tu examante mientras te estaba haciendo el amor. Manifestar cuáles son tus fantasías cuando haces el amor exige cuidado pero si ambos pisan con cuidado, todo, excepto el material más sensible, pede ayudar a aumentar la temperatura sexual. De hecho, muchas de mis pacientes femeninas me han dicho que nunca han tenido problema alguno con maridos cansados, preocupados, nerviosos, desempleados o lo que sean, una vez que le dan la fantasía de él o le dicen su propia fantasía del momento mientras tienen sexo. Estas revelaciones íntimas pueden revivir incluso el impulso sexual más lánguido. De hecho, muchas parejas que usan las fantasías con creatividad, encuentran que pueden actuar como terapeuta sexual personal para el otro cónyuge. Si las fallas sexuales y las desilusiones se manejan de esta forma, por lo general no se necesita ayuda médica.

Para muchas personas, escuchar la fantasía de su pareja, en especial cuando se hace el amor, es un poco voyeurista. Con una imaginación fértil, puedes crear sobre lo que tu pareja comparte contigo y hacer posible el acto sexual completo cuando quizá las circunstancias hubieran sugerido que el sexo estaba ese día "fuera de la agenda" por alguna razón.

Este tipo de terapia sexual puede impedir muchas fallas menores, al controlar cualquier frustración antes de que se presente. Al considerar que muchos problemas sexuales, en especial, en hombres, surgen por miedo a fracasar más que por la falla en sí, cualquier mujer que pueda calmar un problema de este tipo tiene un arma valiosa contra la falla y la desilusión.

Por último, me gustaría decir unas cuantas palabras sobre el amor. Muchas personas, las mujeres en especial, piensan que es contrario al amor escuchar las fantasías de su pareja o compartir las suyas. No existe una respuesta absoluta a esto ya que todos tenemos ideas diferentes respecto a lo que es "contrario al amor". Si actúas, como yo, de acuerdo al principio de que todo lo que enriquece y alienta la vida sexual de una pareja sólo puede ser bueno, entonces, compartir las fantasías debe ser predominantemente bueno. Es amor, en el más profundo sentido de la palabra, conocerse uno a otro y que en verdad se conozcan bien, y yo animo a las parejas a darse cuenta que al compartir de esta manera es *más* probable que se amen, no *menos*. Un miedo de ser extraño, o incluso no ser digno de que lo amen, domina a muchos individuos incluso en relaciones muy sólidas. En mi opinión, compartir se debe establecer durante el cortejo de manera que entremos a una situación de compartir durante toda la vida, con honestidad, y no con todo tipo de preocupaciones y miedos asomando en segundo plano, listos para alarmarnos o amenazarnos cuando menos lo esperamos o lo deseamos.

Compartir fantasías es una de las actividades más íntimas y afectuosas que puede realizar una pareja. Por esto no se debe llevar a cabo a la ligera y quizá sea algo que hacemos una o dos veces en una vida con alguien en quien confiamos y que confía en nosotros. Compartir fantasías puede ser muy liberador y fortalece la confianza en una pareja en una forma que pocas actividades pueden lograr. "Tener sexo" es fácil en comparación, y como tal, no tiene un valor duradero. El verdadero acto sexual implica compartir todo sobre uno como parte de la confianza total. He encontrado que compartir las fantasías es importante en este contexto y recelo algo de la pareja que no lo va a hacer. A menudo necesita concentrarse en su habilidad para tener intimidad, para compartir y para confiar en muchas otras áreas de la vida antes de que las fantasías sexuales se puedan compartir con seguridad.

# CAMBIAR EL ESCENARIO

*Aunque la mayoría de las parejas hace el amor en su alcoba, muchas encuentran que un cambio de escenario puede ser toda la diferencia entre un buen sexo y hacer el amor en forma verdaderamente aventurera. Pensando un poco y con creatividad, una nueva situación también puede añadir un toque de novedad y diversión.*

La vasta mayoría de las relaciones sexuales tienen lugar en la alcoba de la pareja. Después de decir esto, mi experiencia clínica y los resultados de muchos estudios muestran que la mayoría de las parejas también disfrutan de hacer el amor en otros lugares, aunque sólo sea de vez en cuando. Tal vez, los lugares más comunes tienen lugar fuera de la alcoba, sean la sala de estar, la cocina y el baño. He encontrado que es más probable que las parejas que tienen sexo en diferentes lugares estén más satisfechas que quienes se confinan a la alcoba.

La atracción de lugares que no sean la alcoba marital es obvia: son lugares algo "malos" al ser más públicos que la alcoba, el miedo a ser descubiertos aumenta la aventura para muchas personas, terminamos haciendo el amor en diversos grados de desnudez, lo que nos devuelve a nuestros días de cortejo, adoptamos nuevas posiciones y podemos aprovechar las características más bien especiales que la situación particular hace posibles. Por ejemplo, hacer el amor en el baño es, por definición, más sensual si se añade el uso de agua, y una sesión apasionada durante la noche, frente al fuego en la sala de estar tiene un atractivo romántico bastante especial.

Una de las alegrías de hacer el amor en nuevos lugares es la espontaneidad implícita. Cuando una mujer que llega al hogar sintiéndose verdaderamente sexy y encuentra a su hombre preparando la cena, un encuentro espontáneo en la cocina puede ser una experiencia memorable para ambos. Casi cualquier ocasión puede usarse para nuestra ventaja sexual si empezamos a pensar de esta forma. Por ejemplo, lo que empieza como un trabajo muy aburrido de pintar el cuarto extra puede convertirse muy pronto, si el hombre se quita la camisa y la mujer usa sólo una camisa, en una experiencia mucho más estimulante que termina en sexo entre las latas de pintura.

Dado que la mayoría de las parejas suelen hacer el amor en el mismo lugar e incluso casi a la misma hora una semana si y otra no, hacer el amor en forma espontánea puede añadir verdadero sabor a la relación. Parte del éxito de estos momentos recae en el hecho de que uno o el otro se deja llevar por el deseo por su compañero, y el que es deseado en verdad se siente especial. El sexo que se lleva a cabo por cita en la cama marital tiene el hábito de volverse algo predecible e incluso aburrido. Lo predecible y el aburrimiento se expulsan si siempre estás buscando nuevos lugares.

Hacer el amor en el baño puede desplegar todo tipo de nuevas emociones. Calienta la habitación, descuelga el teléfono, cierra con llave la puerta, pon algo de música si quieres, toma todo con calma. Comiencen dándose un masaje por un rato fuera de la tina y después, una vez en el agua, enjabónense uno a otro por todo el cuerpo, dejando los genitales para el final. Cuando se enjuaguen, pueden darse uno a otro frutas deliciosas. El mango es una de las frutas más sensuales y eróticas, ¡y es más fácil comerla en el baño! Tal vez, también puedes tener un vaso de vino o alguna otra bebida alcohólica para que se den uno a otro.

Frotar el cuerpo de tu pareja con jabón o con esponja puede ser una parte muy erótica y excitante de la estimulación que precede al acto sexual que bien podría terminar en el coito. Si tienes sexo en el baño, ten cuidado de que el jabón no se introduzca en la vagina de la mujer, ya que puede causar irritación. Aparte de esto, lavarle los genitales y caderas al otro puede ser muy erótico. Las posiciones para entrar por detrás funcionan bien en el baño y son favorecidas por muchos en la regadera. En muchas formas, una regadera es más sensual que una tina, pero si se considera que el abastecimiento de agua caliente es limitado en la mayoría de las casas, puede ser un placer de más corta duración.

Relajarse después del acto sexual puede ser muy delicioso en una tina y para la mujer que es delicada respecto a la higiene personal de su pareja, el sexo oral puede adquirir todo un nuevo significado mientras lo prepara escrupulosamente. A unas cuantas parejas les gusta ver o escuchar al otro orinar como parte de su sexo en el baño.

Hacer el amor en la cocina tiene cierta mundanalidad que atrae a algunos. Por lo general, la atracción es la urgencia total en este tipo de sexo. Algunas parejas muy inventivas utilizan los utensilios de cocina para mejorar el acto sexual y, por supuesto, las frutas y vegetales a la mano para el hombre a quien agrada usarlas en la vagina de su enamorada. El hielo del refrigerador puede ser una fuente de placer en los pezones o en la boca de la mujer mientras ésta se dedica al sexo oral, y para la pareja aventurera, la mesa de la cocina está a la altura correcta para que se pare con comodidad y la penetre mientras ella se recuesta de espaldas en la superficie. ¡Cualquier comentario sobre lo mucho que el techo de la cocina necesita pintarse se debe ignorar totalmente!

El sexo en la sala de estar puede ser muy semejante al sexo en la alcoba, pero el sofá y otros muebles pueden ofrecer deliciosas posibilidades. Observar un video sexy puede añadir sabor a la ocasión. Tal vez el mayor peligro de este lugar es recordar que debes tener cuidado con la ropa interior desechada, la cual puede ser vergonzosa la próxima vez que tengas visitantes o si tus hijos la descubren. ¡En especial, si has dedicado tiempo a decirle a tu familia que no deje la ropa regada por la casa!

Incluso si vives en un clima más bien frío, el sexo en el exterior puede ser una gran diversión. Gran parte del placer gira en torno al miedo a ser descubiertos, pero como siempre señalo a quienes gustan del aire fresco, asegúrate de que lo que haces no pueda ofender a otros. El sexo en público es ilegal, así que ten cuidado, incluso en tu propio patio, de no ofender a otras personas.

Hacer el amor en el exterior tiene muchas atracciones. El aire fresco, el calor del sol, incluso el frío tonificante en invierno, la travesura, la falta de familiaridad, la desnudez parcial, el reactuar de las chapucerías de adolescente, y total tontería de todo el asunto, pueden aumentar la excitación.

De todos los lugares para hacer el amor en el exterior, tu jardín es el lugar más obvio porque es una extensión de tu casa. Es claro que debe haber suficiente privacidad pero incluso una esquina cómoda puede ser suficiente si son discretos. El verano es mejor y el sexo puede seguir después de darse un masaje con loción protectora. Para todos, excepto los más resistentes, algún tipo de cama inflable o sábana será necesario.

Jugar desnudos en un columpio es divertido. Un buen juego es que la mujer se siente desnuda en el columpio con su pelvis lo más adelante posible y que el hombre se arrodille frente a ella de manera que a cada balanceo su boca entre en contacto con su vulva. Cualquiera de los dos puede hacer que la mujer se balancee provocativamente. Conforme aumenta el nivel de excitación, el hombre puede penetrar a la mujer con sus dedos y ella puede mecerse para meter y sacar los dedos de su interior. Es sólo un pequeño paso de esto a en verdad penetrarla con el pene mientras ella se mece atrás y adelante.

Esta situación se puede repetir con la mujer arrodillada en el columpio y sus caderas desnudas incitando al hombre a penetrarla por detrás. Este tipo de juegos puede disfrutarse más si ambos están parcialmente desnudos.

A muchas parejas les gusta perseguirse, en que la presa provoca al cazador al quitarse una pieza estratégica de ropa, quizá incluso dejando la ropa como pista para que la siga. Esto se puede modificar para crear el juego de perseguirse uno a otro y al atrapar la presa quitar la prenda de tu elección. Luego, la primera persona en estar desnuda tiene que pagar una multa de algún tipo a su pareja. A menudo es divertido retrasar el pago como un tipo de "tortura" sexual.

Hacer el amor en el jardín ofrece todo tipo de placeres novedosos y tiene la ventaja ya mencionada de ser parte de tu dominio. Puedes correr fácilmente de vuelta a la casa para ir al baño, para tomar una bebida, para recoger un anticonceptivo olvidado, para buscar pañuelos de papel o lo que sea. Tu jardín puede volverse, si es lo suficientemente privado, en una extensión de tu alcoba, aunque sólo sea posible en el verano.

Un gran favorito para las fantasías románticas es la playa. El golpeteo rítmico de las olas, los olores salinos, la luz de la luna y el calor de la arena en el día, pueden crear y fortalecer una aventura sexual única que perdurará en la mente por años. Muchas parejas tienen recuerdos afectuosos del sexo en la playa.

Sin embargo, la arena crea sus propios problemas prácticos para los enamorados. Combinada con las preparaciones para broncearse, puede formar una masa arenosa que de ninguna manera es excitante, y hacer el amor en el borde del agua puede ser una verdadera desdicha si la arena entra a la vagina o al pene. Sin embargo, hacer el amor en aguas más profundas puede ser muy excitante. La mujer puede recostarse y cruzar sus piernas detrás de la espalda de su enamorado mientras éste la penetra por el frente, o puede meterse al agua hasta la altura de la cintura y doblarse hacia el frente extendiéndose en el agua mientras él la penetra desde atrás. Una posición favorita es hacer que la mujer flote de espaldas de manera que sus caderas estén al mismo nivel que los genitales de él. Ahora la penetra y, sosteniéndola de la cadera, guía su cuerpo hacia su pene. Si estás lo bastante retirado de la gente, este juego se puede llevar a cabo, incluso si no están solos en el mar. ¡Asegúrate de no perder el bikini en el proceso! Como las vacaciones son un momento ideal para que las parejas actúen románticamente y experimenten nuevos lugares, el sexo en el mar puede ofrecer mucho placer. Sin embargo, cuando estés de vacaciones asegúrate de no exponerte demasiado al sol ya que la piel quemada combinada con insolación difícilmente te llevarán a tener sexo. Ten especial

*Parcialmente desvestida, esta pareja ha creado un momento amoroso en la cocina después de que se marcharon sus invitados.*

cuidado si te bañas o tomas el sol con el torso desnudo ya que tus pezones pueden quedar muy adoloridos y por eso impedir muchas de tus actividades *normales* de alcoba, además de muchas otras que puedes haber planeado.

En algunos países, la gente no tiene a menudo la oportunidad de viajar a una playa cálida, pero es común que el campo no esté lejos y se puede disfrutar como parte de la vida sexual. El sólo caminar en el campo puede ser un poderoso afrodisiaco. El aire fresco, liberarse de las demás personas, el canto de las aves, los aromas del pasto y la tierra, pueden contribuir a hacer de una caminata en el campo una ocasión muy sensual.

Haz el amor contra un árbol, recostados en un prado o en la ribera de un río. El uso imaginativo de flores silvestres puede realzar la ocasión. El espacio entre los senos es el lugar perfecto para un ramillete natural y una vez desnudos, ¿qué tal adornar el pelo púbico del otro? Jugar a meter algo a la ropa del otro es tonto pero divertido, como lo es recuperarlo. ¿Qué te parece darse uno a otro un masaje con hierbas o pastos? El sólo recostarse al sol en un lugar apartado puede ser casi una experiencia espiritual para algunas personas.

Si estás jugando con "juguetes" naturales, ten cuidado. Piensa dos veces antes de poner algo en la vagina de tu pareja y nunca, nunca, pongas algo dentro del pene. He presenciado algunos resultados trágicos por este tipo de "sexo natural".

Una buena alfombrilla es casi esencial para hacer el amor en el campo ya que la realidad es que insectos, hojas espinosas, etc., estorban en el más romántico de los placeres. ¿Qué te parece combinar una comida en el campo con hacer el amor? Por supuesto, los dos pueden unirse si tienen algún sentido de la diversión. El yogur o la crema se pueden untar en sus senos o en su pecho para lamerlo, y recuperar frutas suaves del regazo sin usar las manos puede ser una sensación alegre y excitante para el hombre, sin sus pantalones. Hacer el amor en el exterior de esta manera puede ser maravilloso pero por lo general involucra adoptar nuevas posiciones por la dureza del suelo y por otras consideraciones prácticas. Una vez que has hecho el amor, es maravilloso recostarse en brazos de la pareja, al aire abierto, y dormirse o dormitar. A algunas parejas les gusta mover algunas ramas y arrastrarse entre los arbustos para que no los molesten quienes pasan, incluso si se quedan dormidos.

Es verdad decir que el elemento de la casualidad de ser descubierto es la mitad de la diversión para muchos enamorados del campo. Hay algo muy excitante en estar concentrado en tu propio mundo de sexo y sensualidad, quizá no lejos de otras personas que no se dan cuenta de tu presencia.

Por último, recuerda limpiar después de hacer el amor. Los pañuelos de papel se deben llevar a casa, al igual que los condones. El ganado es muy curioso y muchos ganaderos encolerizados han tenido animales enfermos porque se han comido los condones.

Hacer el amor en un auto es popular entre muchas parejas jóvenes y lleva a la mayoría de las personas a recuerdos de sus días de cortejo. Sin embargo, hacer algo en auto *en movimiento* es locura. Esto se aplica en particular a la práctica ridícula de la mujer que gusta de hacer el amor con la boca a su hombre mientras éste conduce. Si te estacionaste en un lugar muy privado, pueden pasarla bien en la medida en que lo permita el automóvil. El problema con muchos autos es que son demasiado pequeños para que hacer el amor en verdad sea bueno. La mayoría de las parejas encuentra que el asiento posterior es mejor con los asientos delanteros movidos hacia delante lo más posible. Es claro que una camioneta es más práctica y es obvio que un remolque o un vehículo más grande proporcionan un espacio mucho mayor.

Uno de mis pacientes a menudo tiene sexo en su remolque estacionado en una zona de descanso de la carretera. Siempre están abajo las cortinas, se apresura a decirme.

Por lo general, el sexo en un auto es muy insatisfactorio; está confinado, muy restringido, con la excepción del sexo oral, es apropiado sólo para una copulación rápida más que unas verdaderas relaciones sexuales, y pronto genera calambres musculares.

Acampar es una recreación popular que permite a las parejas disfrutar muchas de las ventajas del sexo en el exterior pero sin las desventajas. Ahora puedes tener un colchón adecuado o una cama de aire y relajarte con verdadera comodidad. No es necesario decir que en una tienda de campaña tienes una dimensión totalmente nueva de privacidad en comparación con el sexo en el exterior. El mundo privado que puedes crear también es acogedor, lo que aumenta el atractivo romántico. Sin embargo, recuerda que aunque no se te puede ver (ia menos que mantengas encendida la luz!) es seguro que se te *puede* escuchar, así que ten cuidado con los ruidos que podrían molestar a otros acampadores.

Los paseos en bote pueden ser divertidos para sexo en el exterior. Contiene un elemento de peligro y esto siempre produce un buen escenario sexual, pero también permite a la pareja creativa lograr algo de privacidad, cuando es posible que floten en un parque que por lo demás sea público. Si la mujer no está usando ropa interior y se sienta frente a su hombre con las piernas separadas mientras él rema el bote, la temperatura sexual pronto se eleva y acaba por aburrirse de impulsar el bote. Pensándolo un poco, pueden buscar un área sombreada bajo los árboles y, con el peligro siempre presente de caer al agua, abrazarse o acariciarse en forma muy íntima. En realidad, tener sexo en un bote pequeño tiene su propio placer y entre mayor es el bote, mayor el potencial. Incluso en un bote muy grande, el sexo tiene una cierta cualidad mágica que es muy diferente a estar en tierra.

Muchas parejas se excitan con el pensamiento de tener sexo a la carrera en algún tipo de lugar público, como un parque, una parada de autobús, un callejón o un baldío. La mujer se puede preparar de antemano quitándose las pantaletas y dejándose sólo las medias y el liguero, y el hombre puede dejar de usar calzoncillo bajo los pantalones si no lo encuentran demasiado incómodo. Al levantarse la falda, él puede acariciar su vulva y vagina con facilidad y ella puede bajar el cierre de sus pantalones. Si dejan saber uno al otro cuáles son sus planes con mucha antelación, esto aumenta en gran medida la anticipación del suceso y la anticipación es la mitad de la emoción, como la mayoría de los placeres de la vida.

Una extensión divertida y erótica para cualquier tipo de sexo en el exterior que hayas planeado es llevar consigo una cámara. Por turnos, tomen fotografías de su pareja, pero tengan en cuenta que los laboratorios de procesamiento no van a revelar algo que sea demasiado explícito. Hablando en general, los cuerpos desnudos son aceptables, pero no lo son las erecciones o cualquier tipo de intimidad genital en una pareja. Utiliza película polaroid si las fotografías que planeas tomar son demasiado personales para la tienda pública. Una pareja creativa puede hacer su propio video en exteriores después de algunos ensayos.

Hacer el amor en lugares distintos a la alcoba puede añadir sabor y alegría incluso a la mejor vida amorosa. Con un poco de preparación, con cuidado respecto a la privacidad, con planificación por adelantado e inventiva, casi cualquier pareja puede crear un entorno que produzca mucha diversión en el momento. Tales "sucesos" asegurarán una situación en verdad memorable a recordar en las fantasías y con la cual embellecer sus relaciones sexuales en el futuro.

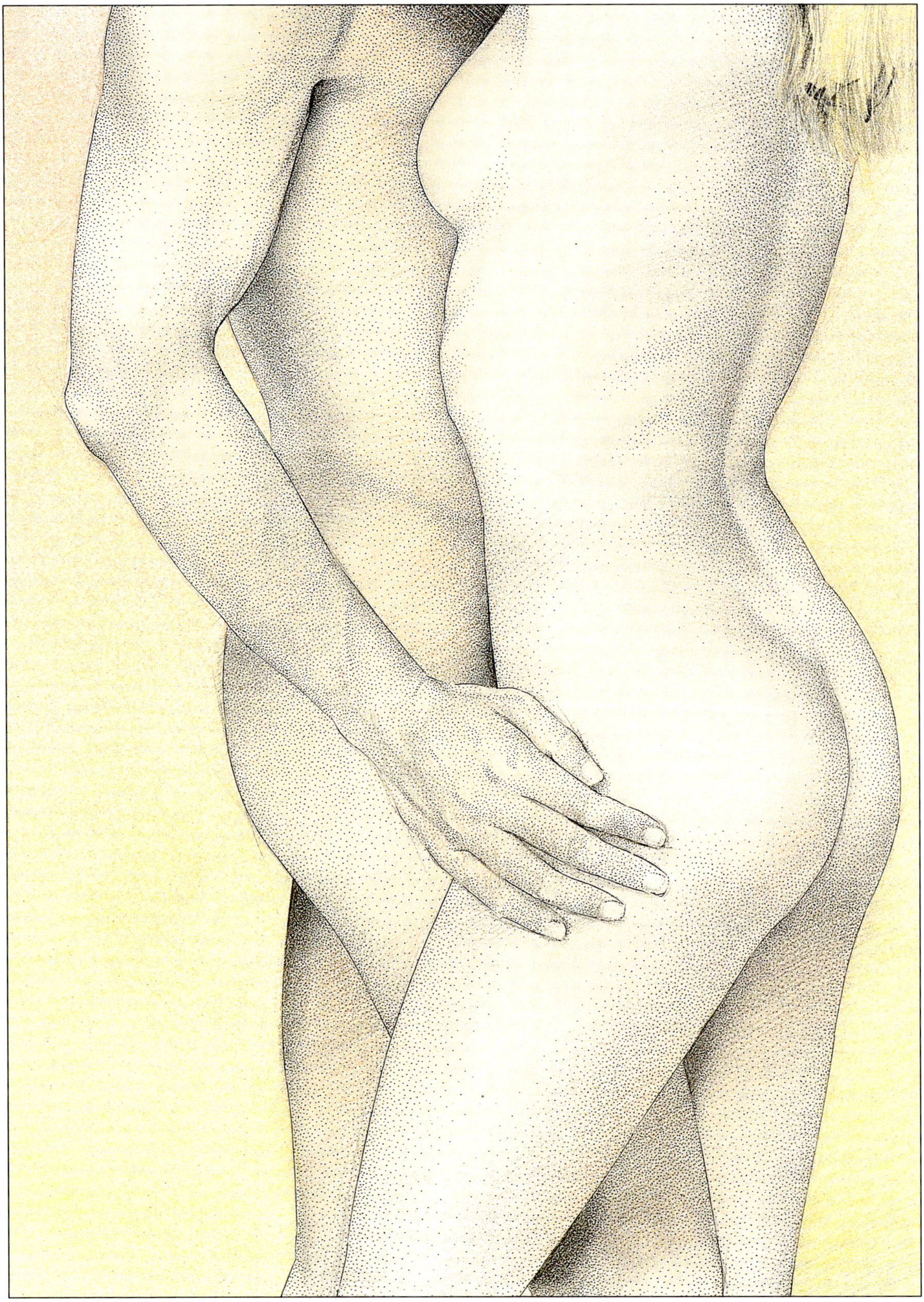

## Capítulo Cinco

# Hacer el amor sin coito

Una pareja amorosa que está sintonizada con la sexualidad del otro "hace el amor" mediante el tacto, los ademanes y al hablar la mayor parte del tiempo que está junta... e incluso tal vez cuando no lo está. Esta comunicación emocional, física e incluso espiritual que ha creado puede ser mucho más importante que los relativamente pocos momentos que pasa en el acto sexual. En este capítulo examinaremos hacer el amor sin coito... el soporte principal de una relación en verdad amorosa.

# COMUNICACIÓN SENSUAL

*Las sensaciones relajadoras y calmantes que produce un masaje sensual son una forma maravillosa para aprender a comunicarse y compartir sin tener relaciones sexuales. Practicar un masaje sensual no sólo es agradable sino que ayuda a fomentar una relación más íntima y amorosa.*

El masaje es simplemente una forma estructurada de tacto. Existen muchos métodos diferentes, pero aquí sólo examinaremos las formas de tacto que unen a una pareja, permitiéndole comunicarse y compartir áreas emocionales e incluso espirituales.

Vale la pena hacer del masaje sensual parte regular de tu relación ya que los alienta a ambos a pasar tiempo juntos, su costo sólo es el tiempo y no está centrado en la meta de producir un orgasmo, a diferencia del coito, puede ser un sustituto satisfactorio del mismo o puede ser una buena adición a éste y, por supuesto, es maravillosamente relajador.

Antes de que empieces a dar el masaje a tu pareja, trata de crear un medio ambiente tranquilo y amoroso. Descuelga el teléfono, asegúrate que no los molesten, reduce la iluminación, calienta la habitación, pon algo de música, prepara una superficie acolchada y cómoda en el piso, quítate toda la joyería y el maquillaje, y desvístete todo lo que puedas sin sentirte incómodo. Asegúrate de tener las uñas limpias y cortas, y que tus manos estén limpias. Como el masaje se practica en la piel, es agradable bañarse juntos primero. De hecho, tu masaje puede empezar en la regadera o en la tina si lo deseas.

Existen unas cuantas precauciones a tener en cuenta y tiene sentido no darse un masaje si alguno de los dos no se siente bien o está enojado. Esta consideración es, en realidad, muy importante ya que la base del masaje sensual es dar y recibir energías vitales de nuestro cuerpo y si no estamos bien o estamos enojados, podemos afectar adversamente a nuestra pareja. La única precaución más, por supuesto, es que por sentido común no se da masaje a alguien enfermo que tenga un problema médico que podría agravarse por la presión.

Toda la esencia del masaje sensual es que quien lo proporciona hace exactamente lo mejor para el "receptor", pero en realidad, cuando una pareja que se ama se da un masaje es imposible decir quién lo da y quién lo recibe ya que es un proceso en dos sentidos. El receptor está, en cierto sentido, tan activo como el que lo da.

Lo principal es que el receptor pueda sentirse totalmente confiado y relajado, seguro en manos de su ser amado. Siempre le digo a las parejas que nunca enseño a decepcionar al cónyuge... y a tratar cada parte del cuerpo como si estuviera hecha de la porcelana más valiosa.

Dar masaje, o comunicarse mediante el tacto, es una alternativa maravillosa para el habla. La mayoría de las parejas siente que la única forma en que se puede comunicar es hablando, pero, de hecho, la mayoría nos comunicamos en muchas más formas, incluyendo, por supuesto, el lenguaje corporal. Al suspender el habla casi por completo, como sucede durante un masaje afectuoso, quien da el masaje aprende a interpretar a su pareja mediante señales reveladoras, como un gemido, un movimiento corporal apreciativo, etc. Es obvio que se necesita cierto tiempo para practicar y en los primeros días significará compartir cómo te sientes mientras recibes el masaje. Esto debe permitir a tu pareja personalizar lo que hace de manera que produzca las mejores sensaciones posibles para ti.

El masaje sensual no necesita conducir al acto sexual. De hecho, lo mejor es, de acuerdo a muchas parejas, que les permite mostrarse amorosos sin tener que sentir que el sexo tiene que seguirle. El masaje elimina la presión de muchas personas que de otra manera se sentirían obligadas a hacer que todo encuentro afectuoso termine en sexo. Por supuesto, para algunas parejas, la profunda comunicación y placer que esto implica los *llevará* al sexo en forma totalmente natural, pero es sensato tener un acuerdo por adelantado y no permitirse ningún tipo de actividad genital. Esto significa evitar los senos y las áreas genitales. Después de todo, no tiene el propósito de ser sexualmente excitante.

No necesitas mucho equipo para un masaje sensual. A algunas parejas les gusta acariciarse entre sí con una pluma, algunas con piel, seda u otro material que encuentran sensual, antes de comenzar con el masaje en sí, pero para la mayoría las manos son la única herramienta necesaria. Utiliza aceite para lubricar la piel; cualquier aceite servirá, pero los mejores son de almendra, girasol, cártamo o coco, y se pueden encontrar en cualquier lugar. Los aceites de aromaterapia tienen un aroma delicioso y efectos terapéuticos en sí. Se pueden diluir en un aceite simple para uso diario.

Calienta tu aceite con anterioridad frente a un radiador o en agua caliente, y emplea una botella rociadora que te permita obtener un chorro de la cantidad que necesitas.

Es importante la preparación antes del masaje; tranquiliza tu mente. Comienza con tu pareja recostada boca abajo y cúbrela con una toalla grande, de manera que se pueda relajar. Una almohada pequeña puede ayudar a hacer todo más fácil para el receptor, y es mejor empezar el masaje en la espalda, como ya veremos.

En primer lugar, arrodíllate en el piso junto a tu pareja y con una mano en la parte superior de la espalda y la otra en la parte superior de las caderas, tan sólo mantén esta posición por un tiempo, inspirando y expirando al mismo tiempo. Esta respiración sincronizada ayuda a sintonizarse uno con el otro y a relajarse. Ahora, con lentitud y amor, retira la toalla y jalándola hacia abajo de la espalda, dejando sólo el área de la espalda desnuda para dar el masaje. Estás listo para empezar.

Cuando apliques aceite al cuerpo, primero ponlo en tu mano, nunca directamente en la piel, por si acaso está frío y sobresalta a tu pareja. Siempre trata de mantener una mano en contacto con la piel del receptor para proporcionarle una sensación de seguridad y continuidad. Aplica el aceite a toda el área que quieres masajear. Sólo pon suficiente para que se sienta resbaloso pero no tanto que escurra por todos lados o esté tan resbaloso que exista poco contacto directo entre tu piel y la del receptor. Con un poco de práctica pronto te volverás un experto.

Por último, si te preocupa la pericia, recuerda que no existe una forma fija para dar un masaje a tu pareja. En general, siempre es mejor avanzar lentamente cuando se dan masajes entre sí. Sólo la experiencia te indicará lo que disfruta más. Al principio, esto implica muchos ensayos, pero pronto aprenderás exactamente qué es mejor. Después es un asunto de perfeccionar la técnica y de ajustarte a las necesidades y gustos cambiantes mientras madura tu vida amorosa.

## *ALIVIAR LA TENSIÓN DE LA ESPALDA*

*Qué tanto del cuerpo de tu pareja masajeas en una ocasión dependerá de lo que ambos quieren y de cuánto tiempo disponen. Sin embargo, si se les da la oportunidad, la mayoría de las personas dirá que les den el masaje en la espalda. Esto se debe a que la espalda, en especial la base del cuello, y los hombros, es donde la mayoría sentimos la tensión.*

*La espalda es un buen lugar para empezar ya que es relativamente fuerte y es menos probable que la lastimes mientras te acostumbras a dar el masaje a tu pareja; es grande y responde a muchos tipos diferentes de técnicas de masaje; es especialmente relajadora, así que prepara al receptor para que se masajeen otras áreas; y por último, porque muchas personas, aun si son parejas de mucho tiempo, se sienten más cómodas con empezar un proceso tan íntimo con la parte anterior de su cuerpo oculta a la vista.*

*Tenemos tres posiciones apropiadas para dar masaje a la espalda. Puedes sentarte o arrodillarte junto a tu compañero, situarte frente a su cabeza, con las rodillas a un lado de cualquiera de sus oídos o puedes sentarte a horcajadas en su cuerpo, a la altura de la cadera, teniendo mucho cuidado de no ponerle demasiado peso;* derecha. *Esta última posición es excepcionalmente afectuosa ya que permite el máximo contacto de piel a piel, si ambos están desnudos.*

*Todo lo que hagas a la espalda será agradable y el calor que crea la fricción de las manos y la piel aliviará cualquier dolor y molestia que tu compañero tenga en esta área. Sin embargo, es mejor mantenerse alejado de las vértebras de la espina dorsal ya que pueden estar sensibles. Por otra parte, déjate guiar por la respuesta del receptor. Utiliza movimiento de prueba profunda con varias yemas de los dedos unidas para formar un cojincillo; camina con los dedos sobre los músculos a profundidad;* extremo derecho; *utiliza frotamientos deslizantes con la parte plana de tus manos; pellizca áreas de la piel entre el dedo índice y el pulgar; sujeta áreas muy grandes de la parte superior de la espalda entre el pulgar y varios dedos;* derecha; *y por último, recorre la espalda con toques leves, parecidos a una pluma, como si una araña caminara por ella. Nunca hagas cosquillas a tu pareja ya que estropea el flujo y la relajación. Mientras estás aprendiendo, presta atención a lo que tu pareja dice que se siente mejor y tal vez después de que le dé un valor de cero a cinco, trata de hacer todo tan bien para que al final de la sesión de masajes hayas aumentado el valor a cinco. Sin importar cuánta experiencia tengas, siempre ten la meta de producir las mejores sensaciones posibles.*

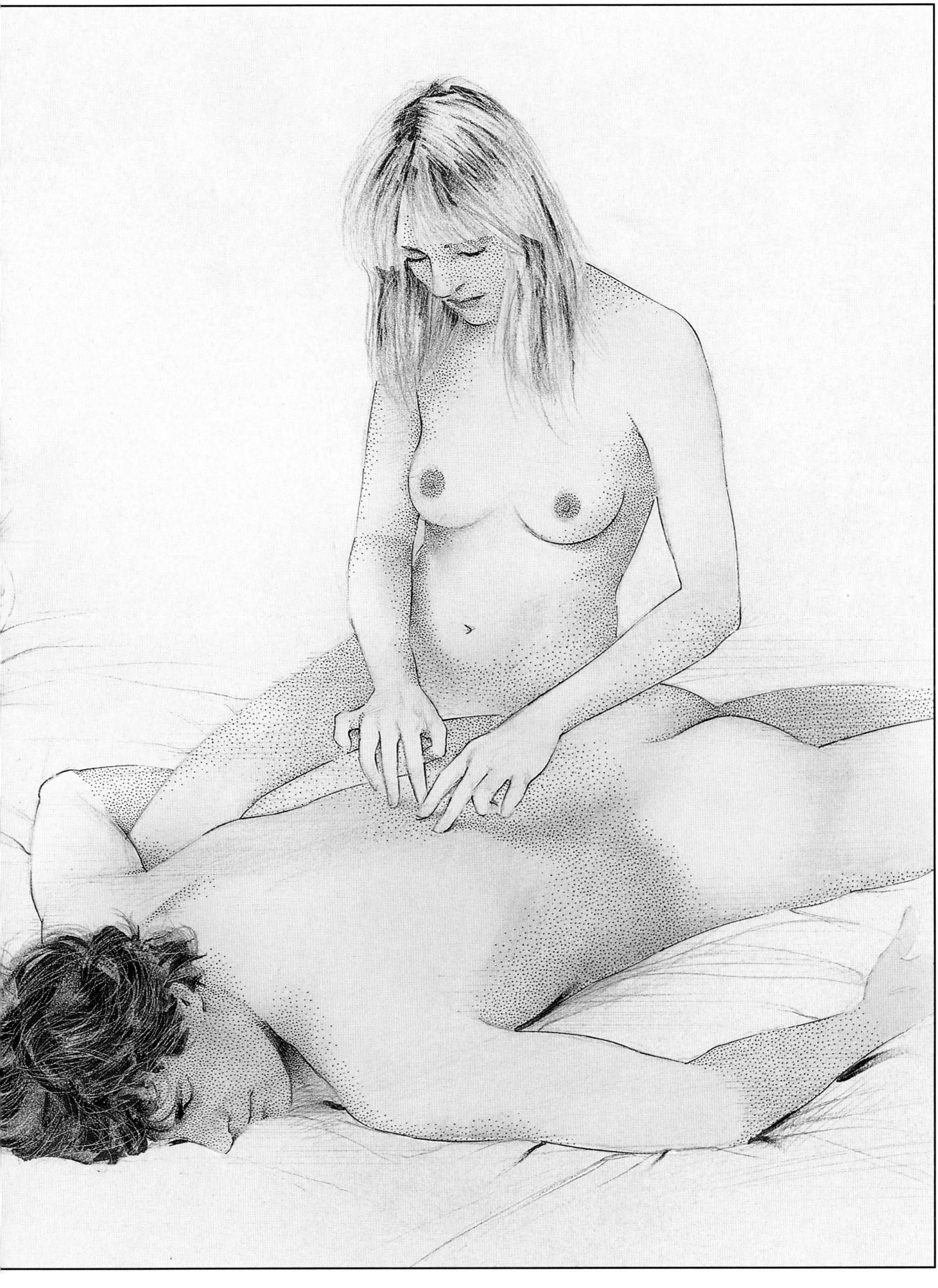

## *ALISAR LOS BRAZOS*

*Con tu pareja aún recostada boca abajo, por lo general es fácil continuar con los brazos. Comienza untando aceite por los brazos completos, uno a la vez, quizá sentándote a horcajadas o entre las piernas abiertas de tu pareja. Da unas fricciones largas que se deslicen por ambos brazos a la vez, comenzando en los hombros y terminando en la yema de los dedos;* **abajo**. *Hazlo con lentitud, los principiantes suelen hacer todo demasiado rápido.*

*Ahora voltea a tu pareja, arrodíllate a su lado y desliza tus manos por un brazo, de arriba a abajo, sobreponiendo los caminos de las manos en un movimiento ondulante conforme desciendes. La mayoría de las personas a quienes se hace esto lo encuentran totalmente delicioso.*

Ahora levanta el brazo, de manera que el antebrazo esté en ángulo recto con el piso. Sosteniendo la muñeca con una mano, exprime los músculos del antebrazo con la otra mano, presionando el lado de tu pulgar firmemente en los músculos; **abajo derecha**.

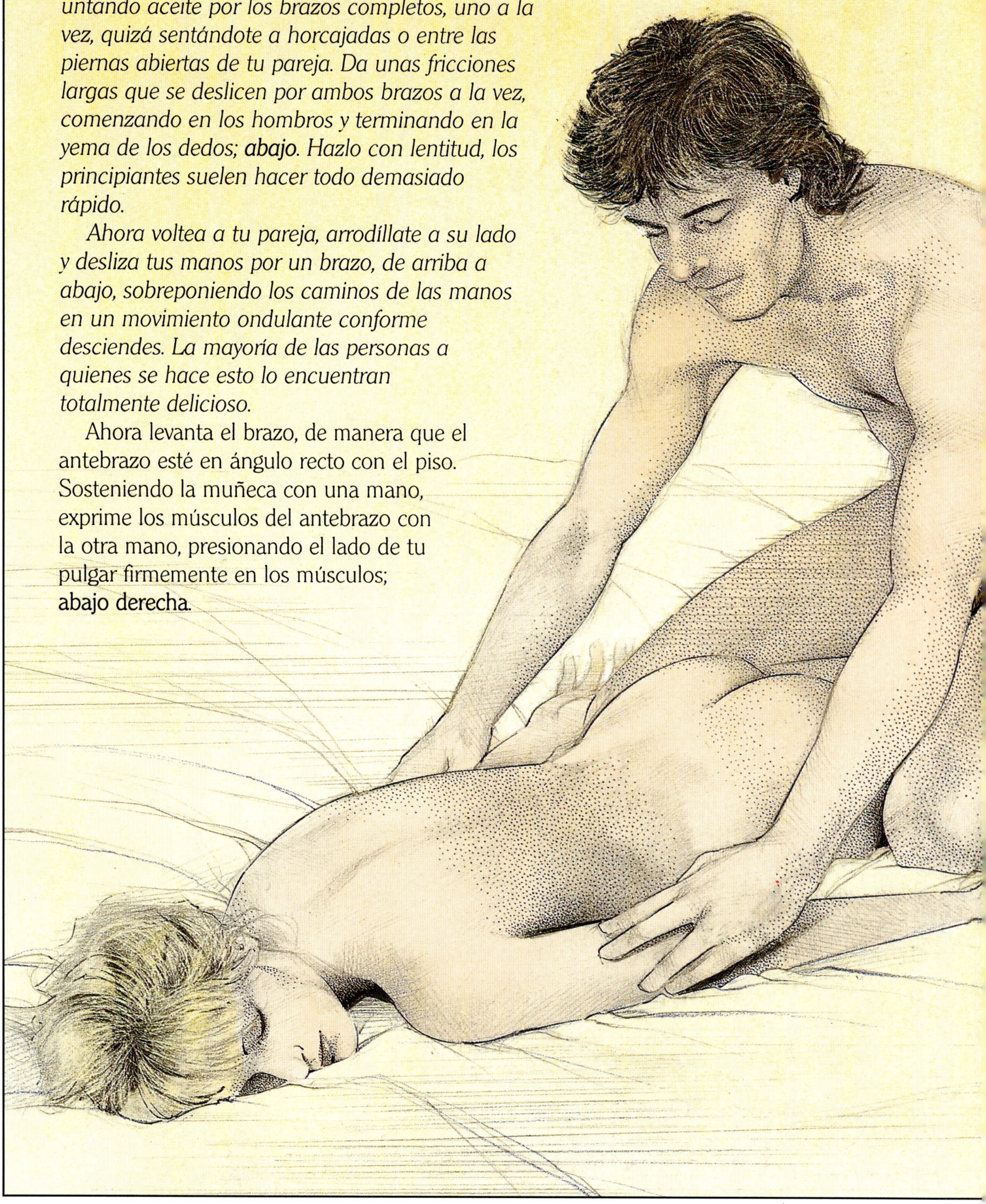

*Si tienes tiempo, ahora puedes pasar a la parte superior de tu pareja y arrodillándote a horcajadas sobre ella, dale un masaje bajo los hombros, mientras ella está recostada boca arriba. El peso de su cuerpo ayuda a masajear sus músculos de la parte superior de la espalda, y esto puede conducir a un movimiento deslizante que viaja hacia los brazos. Esta combinación de masaje de hombro y brazo puede ser muy deliciosa.*

Como con el masaje de cualquier parte del cuerpo, complétalo con algunas fricciones largas, lentas y deslizantes sobre todo el brazo, y termina arrastrando la yema de tus dedos hasta la yema de los de tu pareja en una forma sensual.

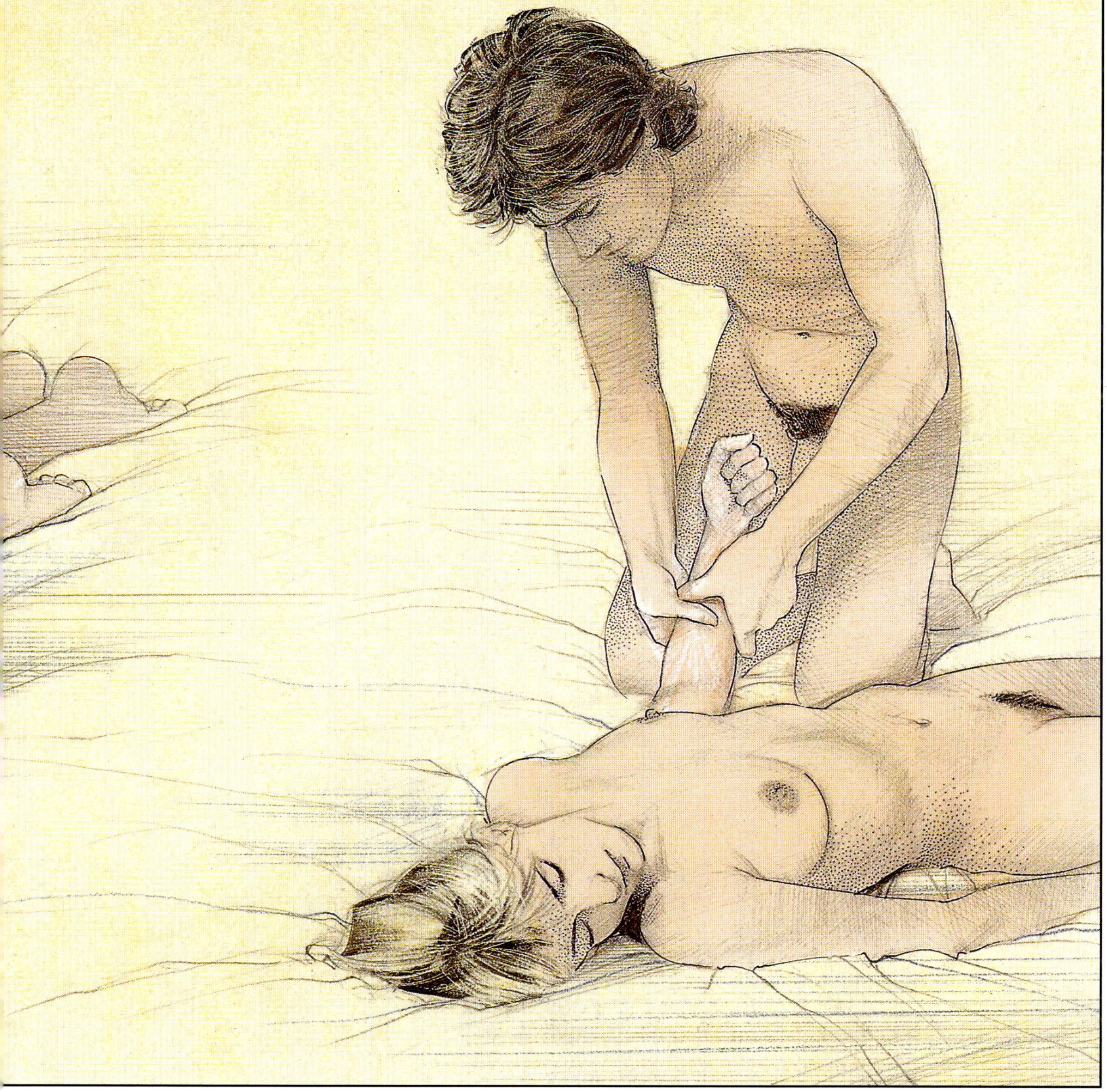

## *SOSTENER LAS MANOS*

*Las manos son áreas muy sensibles y gratificantes en un masaje. Muchas personas experimentan tensión en las manos, como lo demuestra mover nerviosamente los dedos, tamborilear un ritmo, etc. Como con los pies, las manos tienen conexiones de reflejo con todas las partes del cuerpo, y en el cerebro áreas desproporcionadamente grandes están dedicadas a ellas, cuando consideras su tamaño.*

*Comienza por pedir a tu pareja que apoye la mano, con la palma hacia arriba, en el piso. Sosteniéndola por la muñeca, da un masaje firme pero suave a la palma;* ***abajo****. Trata de encontrar el área que lo haga sentir mejor, ya que esto difiere mucho de una persona a otra. Continúa explorando la palma por algún tiempo, hasta que puedas producir sensaciones dichosas. Ahora, jala con suavidad los dedos, uno a la vez, pero sé cauto ya que muchas personas se sienten aprensivas con esto. Sostén la mano firmemente de la muñeca mientras haces esto;* ***derecha****.*

*Ahora coloca la mano contra la de tu pareja, de manera que tus palmas queden contra las de ella. Con suavidad desliza tus dedos entre los de ella y vuelve a enderezarlos de manera que des masaje a los lados de sus dedos.*

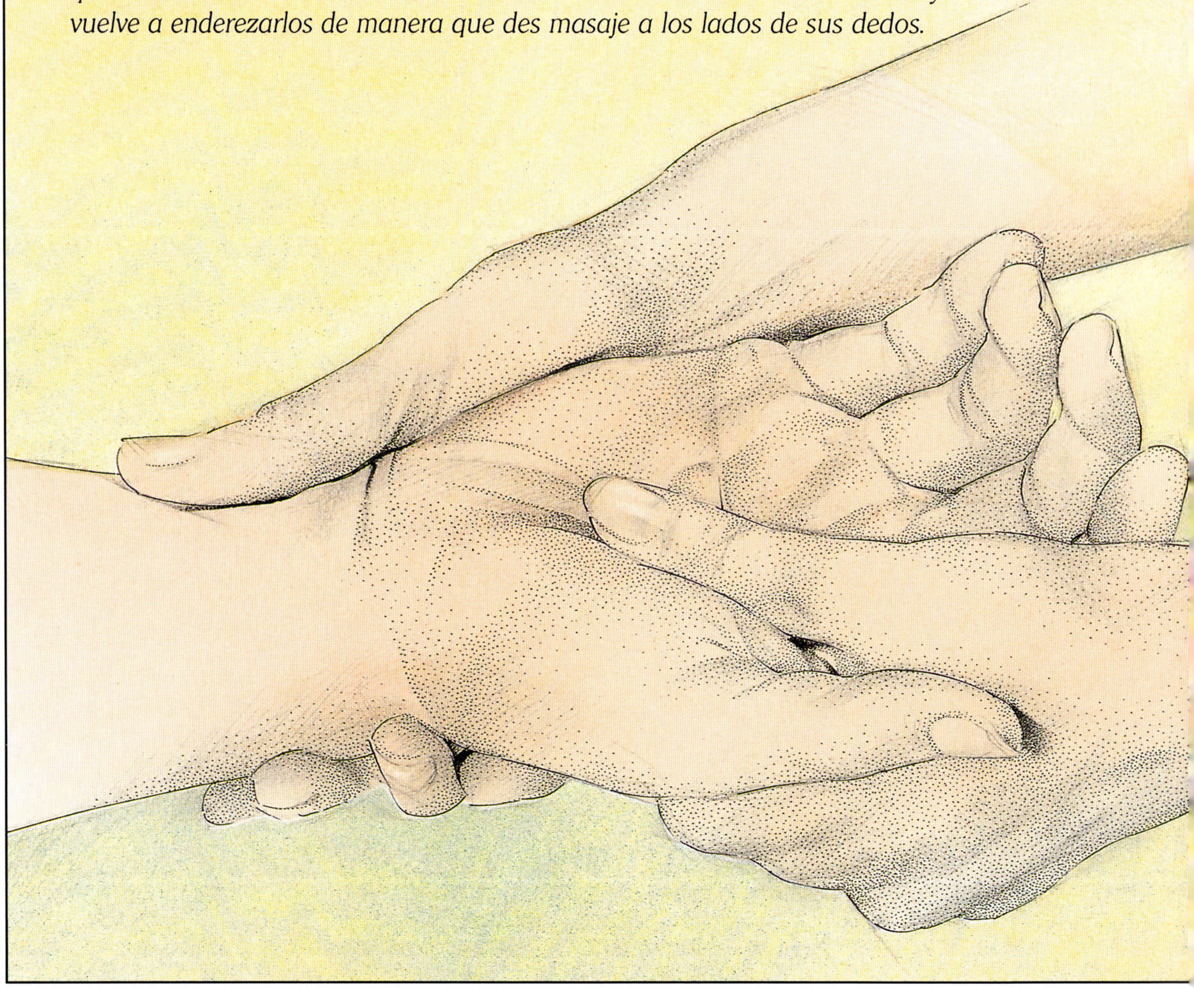

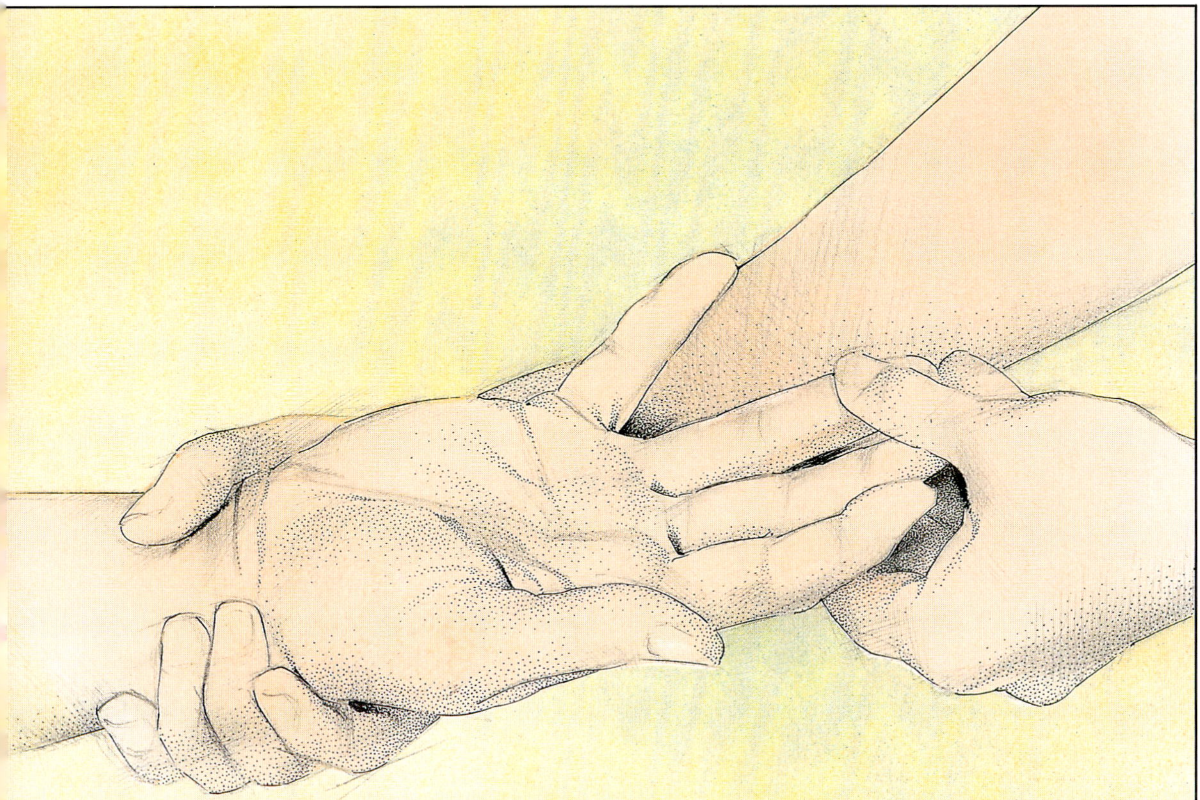

*Un masaje popular es colocar tu palma hacia abajo contra la de tu pareja, con la parte carnosa de tu mano en la suya y con los dedos apuntando en dirección contraria. Ahora arrastra la mano con mucha lentitud hacia la yema de sus dedos, permitiendo que las yemas de tus dedos terminen en contacto con las de ella. Deja que descansen ahí por unos segundos mientras compartes la cercanía de la energía generada entre ambos. Repite este proceso muchas veces.*

*Sujeta la mano de tu pareja con tus manos de manera que tus dedos estén en su palma y la parte carnosa de tu mano en el dorso de su mano. Ahora aprieta y haz que la mano de ella se abra al separar tus dedos alejándose unos de otros mientras presionas las partes carnosas de tus manos hacia abajo. Repite varias veces.*

*Por último, sostén la mano de tu pareja amorosamente entre las dos tuyas, poniendo las tres manos en el piso. Respira de la parte baja del abdomen y relájate mientras te concentras en el amor que comparten tú y tu pareja. Repite todo en la otra mano.*

## MUSLOS, PANTORRILLAS, PIES Y DEDOS DE LOS PIES

Comienza con la parte de enfrente de las piernas mientras tu pareja está boca arriba. Arrodíllate a horcajadas de la pierna que vas a masajear de manera que su pie esté entre tus rodillas. Después de aceitar la pierna, inclínate y desliza tus manos desde la ingle en un movimiento largo y lento, con una mano a cada lado de la pierna. Termina en el pie y deja suavemente a través de los dedos. Repite este movimiento con cada pierna varias veces.

Continúa trabajando con las mismas áreas, pero esta vez los caminos de las manos se sobreponen, alternando las manos con un movimiento de onda mientras recorres la pierna hasta el pie. Repite varias veces, en ambas piernas.

Después, mueve todo tu cuerpo hacia arriba de su cuerpo un poco, de manera que termines arrodillado más o menos a la altura de sus rodillas. Utiliza ambos pulgares y presiona con firmeza los músculos del muslo, los pulgares a través de la parte superior de la pierna y paralelos entre sí. Esto forma un tipo de barra que presionas con bastante firmeza hacia arriba de la pierna, hasta la ingle. Repite varias veces en la parte superior de ambas piernas. Este tipo de masaje no es aconsejable en la parte baja de la pierna porque la espinilla está cerca de la superficie y el procedimiento causa dolor.

Antes de voltear a tu pareja, dirígete a los pies y, sujetando ambos tobillos, reclínate hacia atrás y jala con firmeza un poco de tiempo. Esto estira la parte baja de la espalda y se puede sentir en verdad exquisito. Relájate por unos segundos y repite. A algunas personas, en especial a las mujeres, les gusta que les masajeen la parte interna de los muslos, ya que existe un túnel entre sus músculos en ese punto. Comienza en el lado interno de la rodilla y desliza tu mano hacia arriba, a la ingle, pero no toques los genitales.

Ahora voltea a tu pareja y pon aceite en la parte posterior de las piernas. Pon su pie de manera que quede plano sobre tu pecho, y utilizando los pulgares en paralelo uno con el otro, como una barra, exprime los músculos de la pantorrilla, como hiciste con los del muslo; **derecha**. Repite ondulando de diferentes formas del tobillo a la rodilla.

Arrodíllate entre sus muslos y da masaje a la parte posterior, incluyendo tal vez las caderas.

Ahora pasa a los pies. Mucha gente teme que sus pies le causarán cosquilleo, pero si realizas el masaje con confianza y utilizan movimientos largos con la mano y los sostienes bien, no debes tener problema. Sostén el pie primero por unos cuantos segundos entre tus dos palmas. Ahora, sentándote lejos del pie que vas a masajear, jálalo de la parte delantera, asegurándote que una mano siempre esté en contacto, de manera que el pie no caiga al suelo; **extremo derecho**. Haz esto por unos minutos si puedes.

Después pon el pie suavemente en el piso y con una mano abajo, usa el pulgar de la otra para dar un masaje a toda la planta del pie. Encuentra los mejores lugares y dales masaje hasta que esté satisfecha tu pareja. Por último, jala los dedos de los pies con suavidad y desliza los dedos de tu mano entre ellos.

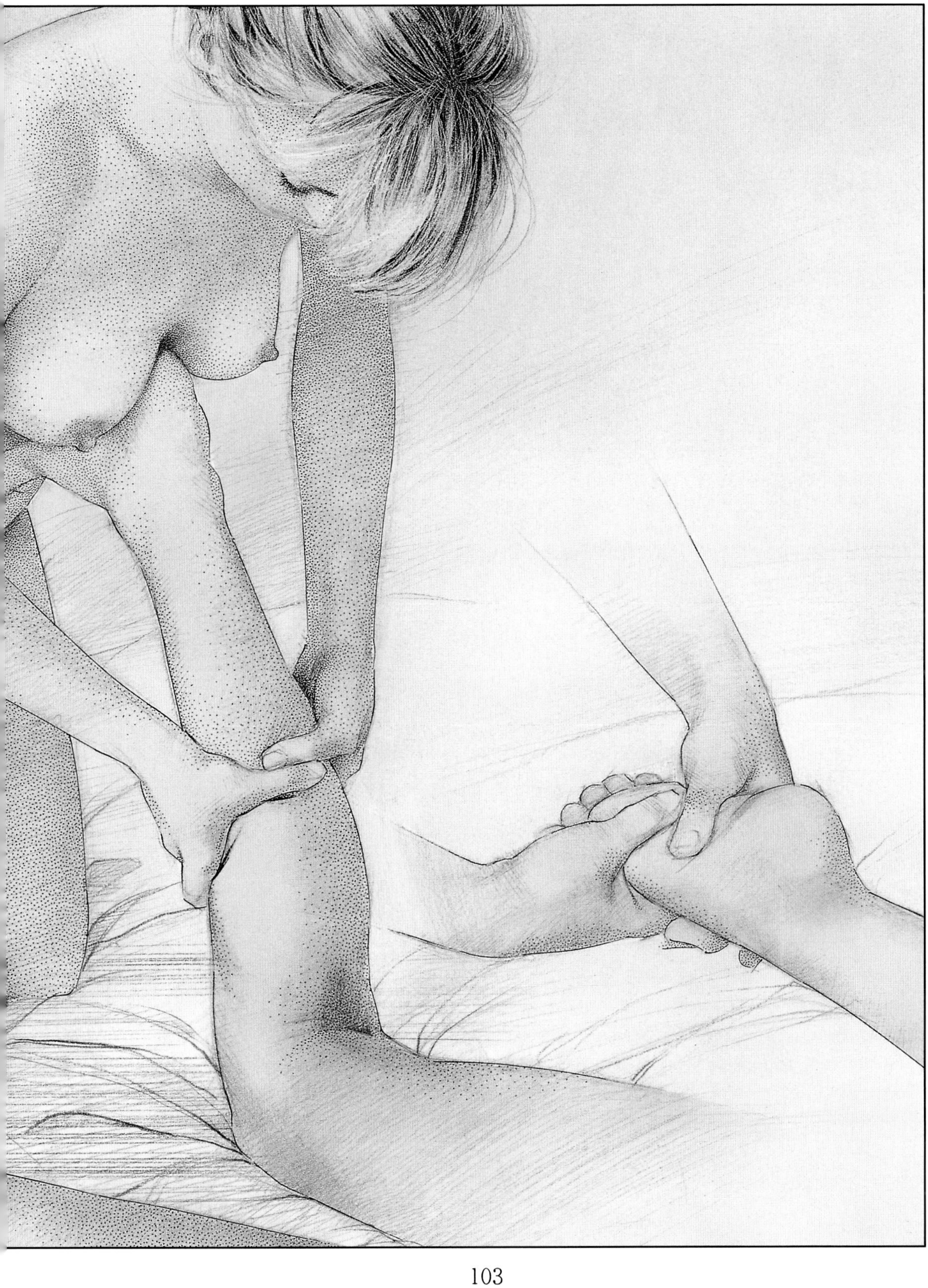

## ÁREAS ABDOMINALES

El estómago puede ser un área que cause cosquillas, así que trabaja con cautela hasta que tu pareja tenga confianza. Arrodíllate a un lado de ella, entre sus piernas abiertas o sobre sus muslos con las piernas juntas, **derecha**, la posición que encuentres mejor. Pon aceite en toda la zona y después desliza las manos planas en el área del estómago, comenzando con una mano en una posición de reloj a las doce y la otra a las seis. Siempre haz el movimiento en dirección a las manecillas del reloj o puede ser desagradable para la pareja. Mueve ambas manos al mismo tiempo alrededor del estómago, sobreponiendo tus manos en la posición de cuarto para las tres, para completar el círculo. Haz este movimiento varias veces si es agradable.

A esto le puede seguir repetir el paso, pero usando ahora pequeños movimientos circulares de las manos mientras éstas en sí hacen pequeños círculos. Avanza por el estómago mientras las manos se mueven en sentido de las manecillas del reloj.

Un seguimiento agradable es formar una figura desde la ingle derecha, y sin voltear a tu pareja, hasta la región lumbar de ese lado, y hacia arriba a la parte baja del esternón; bajo la caja torácica izquierda, de vuelta a la región lumbar de la espalda y hacia abajo a la ingle izquierda. Esto forma una figura de diamante y, si se hace lentamente, es muy relajador.

Ahora arrodíllate junto a tu pareja. Pon aceite por todo un lado del cuerpo, desde el pecho hasta el muslo. Estírate sobre su cuerpo y jala hacia arriba la piel de un lado desde lo más cerca posible del suelo de manera que tus manos suban alternativamente. Mueve las manos hacia abajo, hacia sus caderas, sobreponiendo los movimientos al avanzar, asegurándote que una mano está en contacto con el lado de su cuerpo en todo momento. Cuando llegues abajo de la cadera, repite de nuevo desde el pecho. Jala las manos casi hasta la línea media cada vez y asegúrate de comenzar jalando desde casi el piso. Repite en el otro lado del cuerpo. La sensación que esto produce es fantástica.

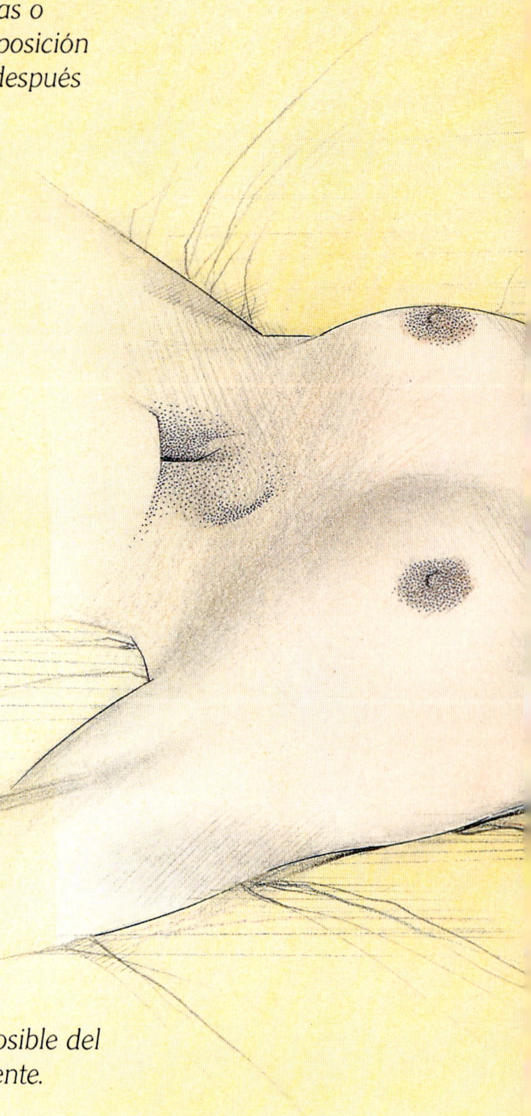

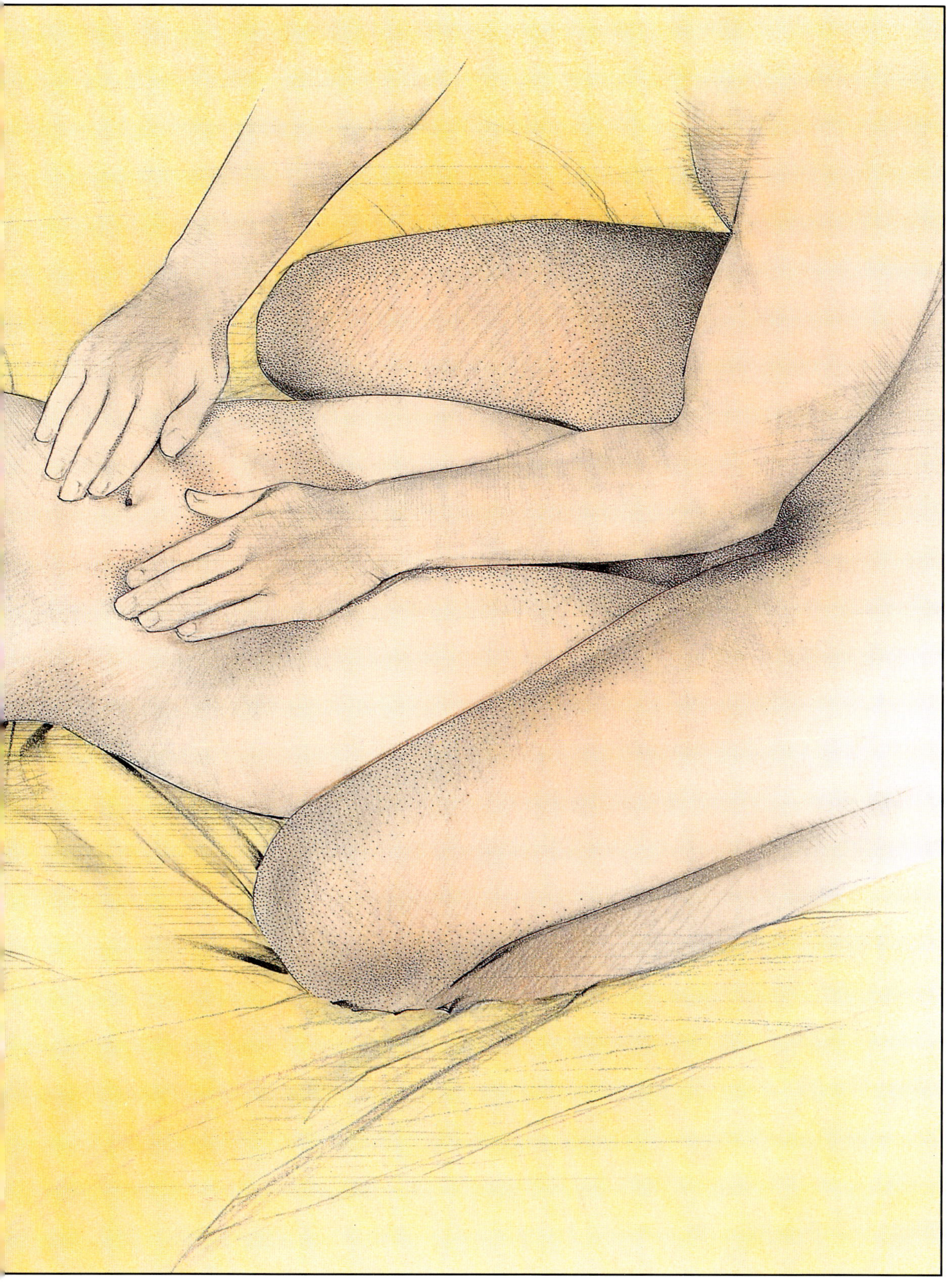

*REANIMACIÓN FACIAL*

*La cara no necesita aceite, para este momento tendrás suficiente en tus manos. Arrodíllate cerca de la cara y con suavidad apoya tus manos en la cara de tu pareja, de manera que las palmas cubran la mayor parte y tapen la luz;* **derecha**. *Ésta es una posición buena y relajante para comenzar y terminar. Ahora, manteniendo las yemas de los dedos fijas en las áreas de las sienes, comienza a deslizar tus pulgares firmemente por la piel de la línea media, sobre la nariz, hacia las orejas. Haz este mismo movimiento sobre las cejas;* **abajo**. *Después, muévete hacia abajo y repite el mismo tipo de masaje en los pómulos, pero con mucha suavidad.*

*Da masaje a los músculos frente a las orejas y por último desliza los dedos unidos firmemente por debajo de la mandíbula por ambos lados al mismo tiempo. Termina cubriendo la cara una vez más y mantén las manos ahí por unos minutos.*

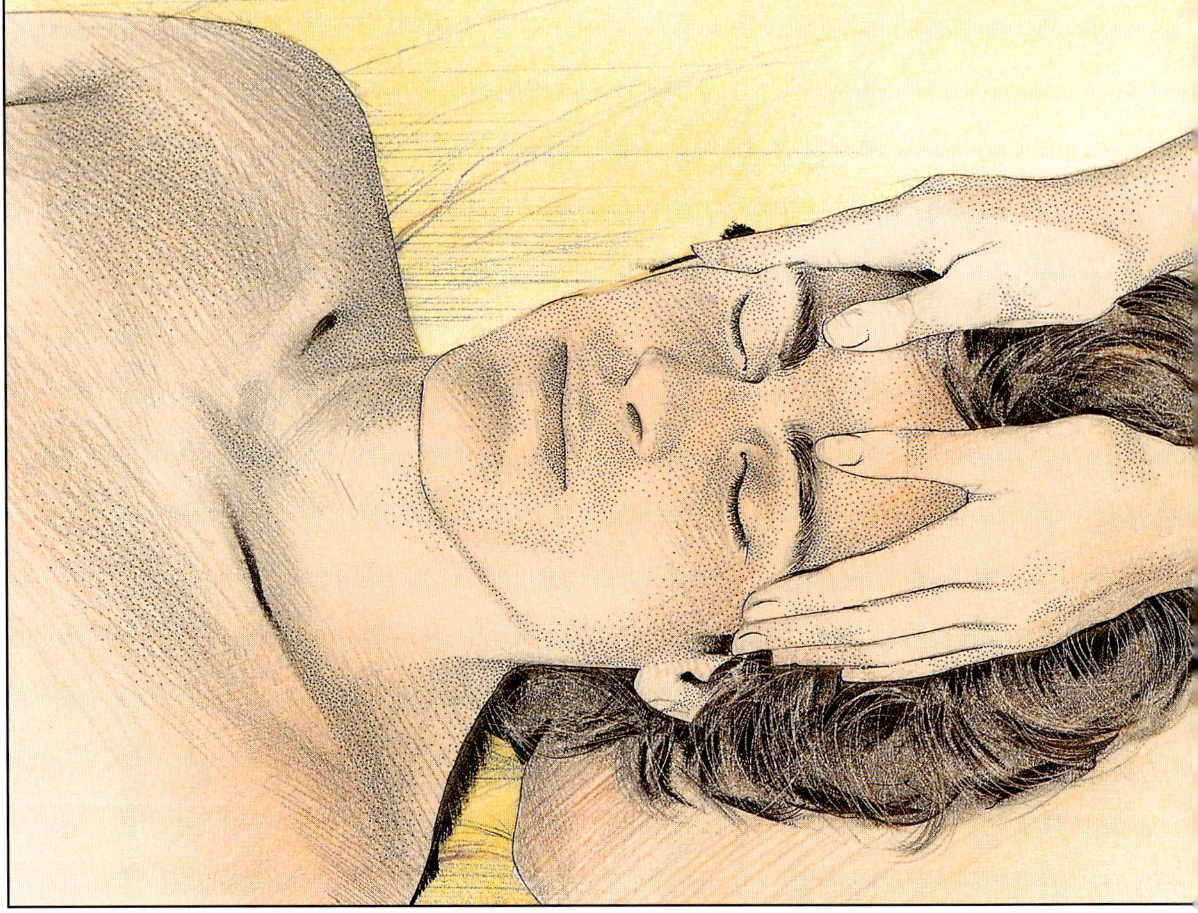

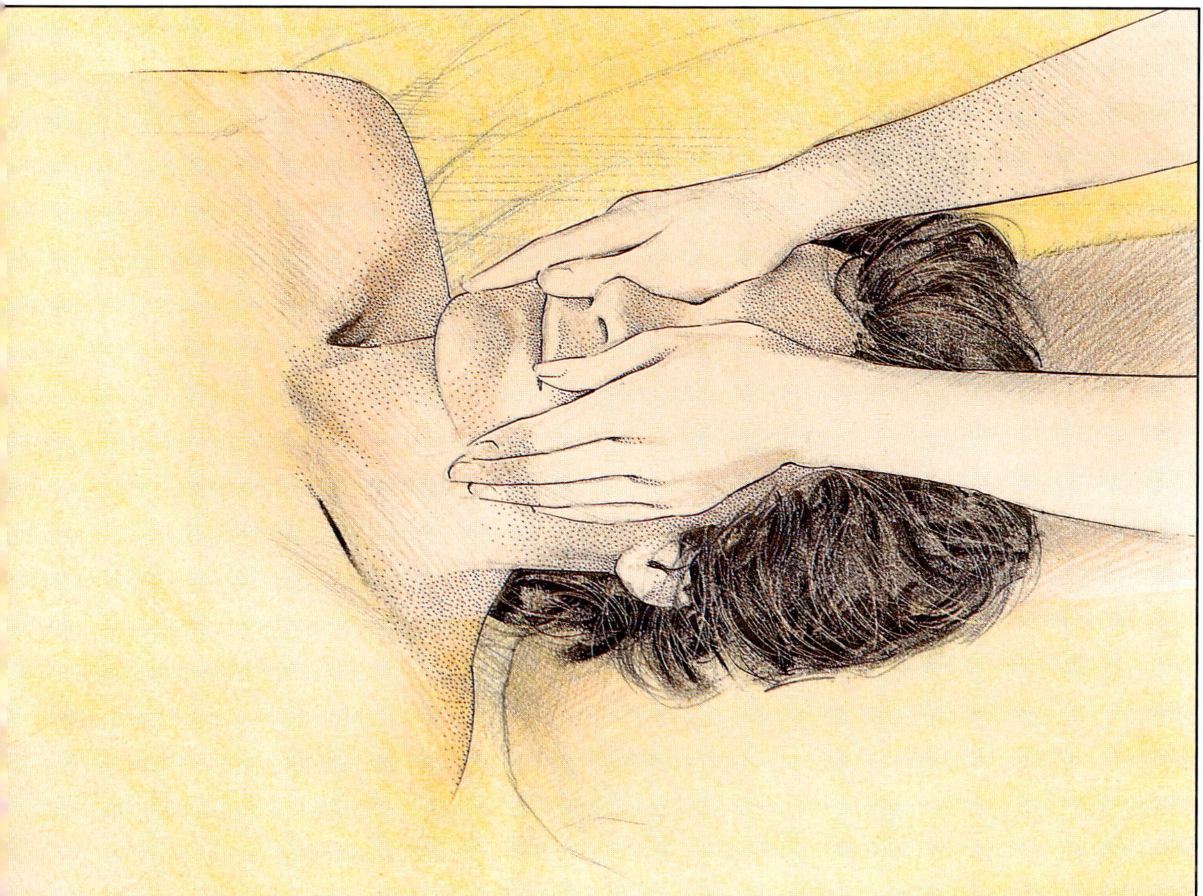

*FINALMENTE... Y LO MÁS IMPORTANTE*

*Para terminar tu masaje sensual, siéntate a un lado de tu pareja y desliza tus manos hacia arriba por un lado de su cuerpo y hacia abajo por el otro, para completar un circuito de todo su cuerpo. Después de trabajar con las partes del cuerpo, la mayoría de las personas disfruta esta sensación integradora.*

*Por último, siéntate a su lado como antes y coloca una mano en la parte baja de su abdomen, un poco encima del área púbica y la otra en la frente. Siéntate bien equilibrado, respira profundamente, piensa en su bienestar y trata de dejar que tu amor se muestre a través de tus manos. Esta última etapa de la comunicación es muy confortante e incluso curativa, y deja a tu pareja sintiéndose apreciada y amada.*

*Cúbrela y déjala dormitar o tan sólo relajarse.*

*Si tienes tiempo, sería agradable intercambiar lugares como quien da el masaje y el receptor, pero a muchas parejas les parece que es más relajante si en cualquier sesión uno es quien da el masaje y el otro, el receptor. Asegúrate de que después de varias sesiones cada uno haya tenido una porción justa de ambos.*

# *BESARSE Y MIMARSE*

*A la mayoría de las parejas les gusta besarse y abrazarse en alguna etapa de hacer el amor. Estos agradables pasatiempos nos devuelven a la infancia, con sus sentimientos de seguridad, amor y comodidad física. Tristemente, muchas parejas olvidan la ternura y la excitación de besarse y abrazarse, y sin embargo, estas actividades son fundamentales para cualquier relación íntima y afectuosa.*

Cuando una pareja que comparte sentimientos de amor desea demostrar su afecto, una de las primeras acciones que realiza es besar y abrazar. La mayoría empezamos con la cabeza, el cuello y la cara porque son las partes más accesibles. Éstas también son las áreas que estamos acostumbrados que nos toquen cuando somos bebés y niños chicos. Para los enamorados que están descubriendo más uno del otro, representan áreas del cuerpo que son bastante seguras y no amenazadoras para quien las acaricia y quien recibe la caricia. Después de todo, un beso en la mejilla o la cabeza es socialmente aceptable en muchas situaciones, y no necesariamente sirve como preludio a las relaciones sexuales.

Cuando empezamos a expresar afecto, la mayoría somos bastante cautos, para reducir la posibilidad de un rechazo. Comenzar con el área de la cabeza aumenta la posibilidad de que se lleven más allá las expresiones de amor. Besar la cara de tu ser amado, quizá mientras la sostienes con ternura, es una forma apropiada para comenzar. Bésala toda, incluyendo los ojos, las cejas, bajo la barbilla, la punta de la nariz, etc. Muchas personas disfrutan que les besen las orejas, pero para otras es insoportablemente cosquilloso, así que, ¡cuidado!

Retrasa el besar la boca hasta que estés seguro que tu pareja está relajada y feliz. Dale pequeños besos en la boca al principio, en lugar de intentar uno profundo y exploratorio con tu lengua. Intenta provocarla suavemente con tus labios, de manera que aumente la anticipación. Besa la boca de tu pareja un poco y después besa otra parte de su cabeza o cara; tal vez mordisquea suavemente su cabello. De las discusiones que he tenido con mis pacientes, parece que existen tantas técnicas para besar y preferencias como existen individuos. En promedio, la mayoría de las personas indican que prefieren más los besos secos y firmes a los húmedos y resbalosos, pero incluso esto es generalizar en exceso. Sin importar cómo te gusta besar, es cortés asegurar que tu boca esté fresca y agradable. Mantén tus dientes limpios, visita al dentista con regularidad y si tienes mal aliento podría ser algo que comes. Trata de cepillar la lengua con un cepillo de dientes. La investigación en los Estados Unidos muestra que esta técnica, combinada con cepillarse los dientes, remedia la mayoría de los casos de mal aliento. Si fumas, date cuenta que alguien que no lo hace puede encontrarlo desagradable y deja de fumar por algún tiempo antes de besar.

Cuando ambos quieren volverse más emprendedores, pueden practicar diferentes formas de besar. Prueba a mover tu lengua en el interior de los labios de tu pareja. Tal vez dar masaje

*Al lamer y mojar su piel con la lengua, puede llevarla a un estado alto de excitación sin tener siquiera que tocar sus genitales.*

a su lengua con la tuya y después sondear lo más profundo posible bajo su lengua. Chupar la lengua del otro también puede ser un placer. Experimenta hasta que encuentres lo que los satisface y agrada más a ambos.

Besarse uno u otro íntimamente unirá naturalmente sus cuerpos. Utiliza las manos para tocar y acariciar tanto como sientas que lo acepta, de acuerdo al nivel de intimidad que compartan. Abrazarse uno a otro se siente muy confortador, el abrazo no necesita ser apasionado, y el sólo hacerlo con firmeza puede ser muy agradable, incluso si no haces algo más.

Conforme avanzas, ya sea en una nueva relación, o por caminos ya trillados con una existente, encontrarás que te estás sintiendo excitado en forma muy agradable y querrás incluir más partes del cuerpo de tu pareja. Abrazarse con la ropa puesta puede ser muy erótico, incluso para amantes experimentados, y deslizar una mano seductora bajo las ropas puede ser más excitante para ambos cónyuges.

En tanto avanzas, asegúrate de responder a tu pareja, de asegurar a tu pareja que estás feliz con lo que está sucediendo. No tienes que hablar... suspiros, pequeños quejidos, ligeros movimientos corporales para amoldarse a una caricia nueva, todo comunica más que las palabras. Entrénate para estar alerta a estas señales indicadoras.

La mayoría de las mujeres se estimulan más por las caricias en todo el cuerpo que los hombres. Sin embargo, existen áreas más placenteras para el hombre promedio de lo que se da cuenta. Los lugares excitantes que a menudo descuidan los enamorados que acarician a sus parejas son detrás de las rodillas, la parte interna de los muslos, los hombros, los lóbulos de las orejas, los dedos y las caderas.

Mientras se masajean y acarician es posible que quieran decirse cosas íntimas y provocativas para aumentar el nivel de excitación y también para expresar tu amor y afecto. El sexo auditivo es muy poderoso y pocos somos inmunes a la adulación personal o las sugerencias tentadoras. Los cónyuges pueden ser bastante sobrios o alabarse uno a otro, ya sea por familiaridad o por timidez, pero ésta es una oportunidad ideal para compartir sentimientos personales e íntimos. Mientras se relajan en brazos del otro, volviéndose uno con su ser amado, es posible que se sientan desinhibidos y relajados, dispuestos a abrirse a todo tipo de acciones, que a menudo no tienen relevancia con el asunto en que están. Algunas personas lloran, con placer o dolor, otras comparten un problema que las ha estado molestando, algunas dicen algo personal sobre su aprecio al cónyuge que sería imposible decir cara a cara en el desayuno, etc. Esta disposición abierta debe estar en el fondo de toda relación amorosa apropiada y, de hecho, forma la base para un coito verdadero y compartido.

Sin importar todo lo que hagas y la forma en que lo hagas, asegúrate de interpretar el lenguaje corporal de tu pareja, recibiendo y actuando de acuerdo a sus respuestas, y de mantener la armonía todo el tiempo. Las señales visibles o audibles de tu placer excitarán a tu pareja, quizá estimulándola a aumentar su goce. En lo que ambos experimentan, recuerda ser un enamorado cortés. Una "mordida de amor" demasiado violenta dejará una marca que puede avergonzarnos. Nunca causes dolor a menos que sepas exactamente qué disfruta tu pareja. Una mordida suave puede ser muy excitante pero si se exagera, es una molestia e incluso puede ser desagradable. Ponte en sincronía con el cuerpo de tu pareja, acariciándola y abrazándola mientras la besas.

Para este momento es posible que ambos estén agradablemente excitados y quieran avanzar a acciones más eróticas.

# MASAJE ERÓTICO

*Aquí discutiremos el puente erótico entre el masaje sensual y el verdadero coito. Muchas parejas pasan directamente de los mimos juguetones, de abrazarse y de besarse al acto sexual, pero pueden estar perdiéndose una mayor excitación, como veremos. Para la pareja que por alguna razón no desea pasar al coito, el masaje erótico puede convertirse en una aventura estimulante que termine en la masturbación.*

Sin importar si has alcanzado esta etapa de hacer el amor a través del masaje sensual o no, ahora puedes tener horas de diversión explorando las tentaciones del verdadero masaje erótico. La diferencia es que la meta es provocarse y excitarse uno a otro, quizá como preludio al coito. Esto representa el principio de un placer que la mayoría de las personas llama excitación erótica que precede al acto sexual. Por supuesto, el placer de este tipo es absolutamente parte de hacer el amor como el sexo penetrativo, y sin embargo, muchas parejas lo reducen al mínimo o lo tratan como un obstáculo que se debe superar antes de complacerse con el "asunto real".

Si tú y tu pareja tienen la meta de alcanzar el máximo placer posible mediante el masaje erótico, ambos deben tener en cuenta los puntos más sensuales del otro. Todo el cuerpo está cubierto con terminaciones nerviosas que proporcionan información al cerebro, pero ciertas áreas están más dotadas para esto. En ambos sexos, los dedos de manos y pies, y los labios son especialmente sensibles y pueden ser muy eróticos si se chupan o acarician con suavidad. También los pezones son el centro de sensaciones maravillosas para muchas personas, lo que sorprende mucho a algunos hombres. El área genital es el lugar obvio para producir estimulación erótica, pero muchas parejas se concentran en esta área demasiado pronto e ignoran el maravilloso potencial del resto de sus cuerpos.

Aunque es indudable que el masaje sensual se lleva a cabo mejor en el piso, la mayoría de las parejas sienten que este escenario carece de romanticismo para un masaje erótico. Desvístete y métete a la cama, después trata de pensar creativamente sobre cómo podrías utilizar tu cuerpo para dar "masaje" a tu pareja. Puedes usar tus manos, por supuesto, pero qué te parece emplear otras partes, como tu cabello, el resto de tu cuerpo, o materiales sensuales y eróticos.

Cuando utilices tus manos, emplea caricias largas y placenteras para producir los efectos más excitantes. Sitúa tu cuerpo de manera que estimules a tu pareja en la forma más estimulante. Por ejemplo, siéntate a horcajadas, de manera que tu área púbica esté en contacto con la piel de tu pareja. Desliza tus manos con lentitud sobre lugares especiales, y tu pareja responderá con expresiones de placer. Estos movimientos deslizantes se pueden extender y variar al incluir algo de movimientos de amasar. Esto funciona especialmente bien en las caderas. Sujeta grandes porciones de carne y apriétala con bastante firmeza. Trata de alternar esto con toques muy ligeros, como de plumas, con la yema de los dedos, pero asegúrate de no causar cosquillas.

Las palmadas pueden ser estimulantes y divertidas. Pon a tu pareja en tu rodilla y con suavidad, pero firmeza, palmea su cadera. Muchas personas, y las mujeres en particular, dicen

que esto es muy excitante. Quizá puedas continuar besando las áreas que acabas de palmear. Después, masajea a tu pareja con tu cabello, si es lo bastante largo. Desliza tu cabello por todo el cuerpo y en especial, por los genitales.

Ambos deben tener un hormigueo que recorre todo el cuerpo. ¿Qué te parece que se den un masaje con algunos materiales sensuales o eróticos? La seda, la piel de animales, el plástico, las plumas o lo que sea que tengas a la mano, puede ser excitante en formas totalmente sorprendentes. Algunos enamorados se dan masaje con alimentos cremosos. Por ejemplo, el hombre puede darle masaje a ella en los senos con yogur o crema y después lamerla con lentitud. El hielo "caliente" que ha estado fuera del congelador por algún tiempo puede producir sensaciones deliciosas. Prueba a poner un poco en tu boca y después chupar partes del cuerpo de tu pareja; el efecto puede ser exquisito.

Piensa en emplear el resto de tu cuerpo para dar masaje a tu pareja. Como mujer, puedes frotarlo con senos y pezones, y si él dedica el tiempo, puede excitarte con un masaje delicado de los senos. Después, desliza la parte interna de tu muslo por todo el cuerpo de él, incluso sus pezones erectos. Esto será erótico para ambos. Dale masaje con tus pies, la parte interna de tu brazo, tu espalda, etc. Experimenta con tu cuerpo para descubrir lo que se sienta bien para ambos.

Cuando se eleve la temperatura sexual, es probable que extiendas tus besos normales para incluir el masaje de la lengua. Es obvio que querrás besar y excitar las zonas erógenas de tu pareja, pero puedes emplear la boca en forma aún más creativa. Deslízala suavemente por estas áreas sensibles y producirás efectos eléctricos, humedece un área y después sopla con suavidad sobre ella, mordisquea la piel y cúbrela de pequeñas mordidas, succiona lugares íntimos a tu boca y usa tu lengua en ellos. ¿Qué te parece dar a tu pareja un baño de lengua? Utiliza la lengua, baña todo el cuerpo de tu pareja, como si lo estuvieras lavando. Una extensión natural para muchas parejas es besar eróticamente áreas como las palmas de las manos, las yemas de los dedos y los dedos de los pies. Mete los dedos en tu boca, uno a la vez, observando la reacción de tu pareja. El sexo oral se ha vuelto una actividad demasiado estrecha para muchas parejas, al confinarse por lo común a los genitales. Todo el cuerpo de tu pareja puede ser muy erótico y temblará con placer si empleas la boca en forma ingeniosa.

A algunas parejas les gusta utilizar un masajeador eléctrico; se puede obtener en farmacias y tiendas de artículos de química, y por lo general, se conecta a la corriente eléctrica. Los mejores se ajustan a la mano de manera que vibran mientras la mano da masaje al cuerpo de la persona que recibe el masaje. Otros tipos de masajeadores o vibradores se abordan en la página 127.

Exactamente qué haces y cómo lo haces surgirá con la práctica y debe ser a la medida para satisfacer a tu pareja. Nunca cometas el error de pensar que porque descubriste lo que es mejor para un ser amado lo mismo aplicará a fuerzas en otro. Por supuesto, todos empleamos nuestra experiencia previa en este campo, pero se debe hacer con delicadeza y con precaución.

Finalmente, me gustaría discutir algunas técnicas específicas de masaje erótico que conducen directamente a la masturbación mutua. Tanto los hombres como las mujeres pueden disfrutar el ser más emprendedores cuando se da un masaje a las áreas genitales de sus

---

*Él ya ha besado todo su cuerpo y ahora está empezando a incluir sus genitales.*

parejas. Cuando se da masaje a un hombre es agradable, por supuesto, concentrarse en el pene, pero también recuerda dar masaje a su raíz (la parte inferior) y el área entre el ano y la base del pene. A muchos hombres también les agrada recibir un masaje en el área anal, quizá junto con caricias a las caderas.

Aprieta sus testículos con suavidad pero firmeza con las manos, e incluso sondea su escroto con tu lengua. Toma un testículo en tu boca y dale masaje con la lengua. Da masaje al área de la ingle y después haz que se voltee boca abajo. A cada lado de la grieta en la parte superior de sus caderas existen zonas que si se estimulan bien, pueden ser en extremo eróticas. Pon una yema de un dedo de cada mano en esos puntos y haz pequeños movimientos circulares y vibratorios. Los ensayos te permitirán encontrar el punto mágico. Continúa con este masaje por unos minutos y date cuenta de su respuesta.

Cuando des un masaje a una mujer, primero haz que se acueste boca abajo y acaricia y amasa sus caderas por un tiempo. A la mayoría de las mujeres les parece excitante por sí mismo. Deja que un dedo se deslice entre sus caderas e incluso acaricia su ano si le gusta. Ahora desliza tus dedos más abajo para que puedas masajear el área entre la vagina y el ano. Da un masaje vibrador a ambos lados de la parte baja de la columna vertebral, como se describió antes para el hombre.

Ahora dale la vuelta y con suavidad da masaje a todo el área de la vulva, quizá después de aceitarla bien con un aceite para masaje suave. Da masaje a su ingle si sabes que le gusta y después vuelve tu atención a su vulva. Desliza los dedos arriba y abajo de sus labios externos, sosteniéndolos con suavidad entre pulgar e índice. Después, sujeta uno de los labios externos entre pulgar e índice y jálalo con suavidad; luego, suéltalo. Avanza de arriba hacia abajo en un labio, jalándolo con suavidad y soltándolo, después repite el proceso en el otro lado. Muchas mujeres me dicen que esto se siente exquisito. Termina acariciando e incitando la abertura a la vagina, en especial en su porción inferior.

Para algunas parejas, el máximo placer del masaje erótico es el masaje interno. Si estás masajeando a una mujer, prueba a acariciar dentro de la boca de la vagina con los dedos en posiciones de las ocho o nueve y media. (El clítoris está a la doce.) Ambas posiciones parecen ser populares, pero siempre asegúrate de hacer lo que más le gusta a tu pareja. Por lo general, esto indica que te asegures que ella está muy húmeda antes de intentar cualquier tipo de masaje interno. Si la has excitado bien, se estará lubricando pero si no está bien excitada, pasa más tiempo preparándola o emplea una jalea lubricante o incluso aceite para masajes. Otras exploraciones y masajes internos se discuten en la página 123.

A algunos hombres les gusta que penetren su ano y encuentran que su glándula prostática es muy erótica cuando su pareja la masajea. Veremos cómo estimular el "punto G" de los hombres en la página 139.

De esta descripción algo breve puedes empezar a darte cuenta que cualquier pareja emprendedora puede crear una vida erótica totalmente nueva, si le dedican a esto un poco de tiempo y reflexión. Muchos somos demasiado tímidos, demasiado prudentes y demasiado apresurados al hacer el amor para explorar la enorme variedad de placeres que pueden ser posibles. Así que, ¿es sorprendente que tantas personas se quejen de que hacer el amor les parece aburrido y que les parezca que tienen todo el "derecho" de buscar a otra pareja? Mi experiencia clínica sugiere que las mejores recompensas están al alcance para las parejas que más se aman en su propia casa, si sólo dedicaran tiempo y esfuerzo a desarrollarlas.

# MASTURBACIÓN: UN PLACER PARA COMPARTIR

*Aunque la mayoría aprendemos a masturbarnos muy pronto en la vida, por lo general sólo es un ensayo de lo que vendrá después. Las lecciones aprendidas, en algunos casos desde el principio de la infancia, sobre lo que encontramos excitante y agradable, perdurarán en nosotros toda la vida y darán forma a la vida sexual con nuestras parejas.*

La mayoría aprendemos a masturbarnos en la cuna o durante una edad muy temprana de la infancia. A esta edad, descendemos a nuestros genitales por azar, encontramos que se siente bien tocarlos y jugar con ellos, y avanzamos a producir diversas sensaciones que parecen agradables en ese momento. Algunos niños, y en especial las niñas, nunca dejan de masturbarse desde ese momento. De hecho, la tercera parte de todas las mujeres dice que no puede recordar un tiempo en que no se masturbara, desde la infancia. Quienes dejan de hacerlo, comienzan de nuevo en la pubertad, cuando ambos sexos mejoran las técnicas de masturbación que permanecerán con ellos toda la vida.

Aunque se ha dicho mucho sobre la masturbación en el pasado, en un libro como este, dedicado como está a enriquecer la vida sexual de la pareja, sólo debemos considerar a la masturbación en el contexto de una relación afectuosa de exclusividad.

Por supuesto, para algunas personas ambos temas no van juntos. Se imaginan, en forma errónea, que una vez que tengan una relación sólida y afectuosa, la masturbación se debe dejar; no es así. La gran mayoría de los hombres y las mujeres, incluso los felizmente casados, se masturban de vez en cuando, aunque sólo sea cuando su pareja no está disponible sexualmente. La masturbación proporciona excitación y una cualidad de orgasmo que es totalmente distinta a la que se disfruta con una pareja durante el coito. Y, ¿quién le negaría a un individuo una fuente de placer sexual que no es dañina, y que incluso puede enriquecer su vida sexual con su pareja?

Pocas parejas pueden afirmar sinceramente que tienen todo lo que quieren o que desean sexualmente, en su relación. La fantasía, unida a la masturbación, puede compensar esta carencia. Aunque se practica a solas, la masturbación no necesita ser un pasatiempo solitario que tanta gente causa que sea. Después de todo, es posible que sea solitario y no estar solo. Sólo porque las parejas están comprometidas entre sí no significa que su sexualidad individual deba desaparecer... tampoco la debe eclipsar su pareja.

Por lo general, la masturbación es parte integral de la mayoría de las relaciones de exclusividad, sin importar lo satisfactorias que puedan ser. La pareja saludable y bien equilibrada se da cuenta de esto, y no se siente amenazada porque un cónyuge se masturbe, considerando, por supuesto, que esto no reemplace la actividad sexual compartida.

Pero la masturbación no debe ser sólo una actividad solitaria. En las relaciones responsables y amorosas, es algo que se puede disfrutar como espectador o como participante. Observar a tu pareja es muy instructivo y es algo que recomiendo a todas las parejas que experimentan problemas sexuales o de la pareja. Muchos individuos disfrutan de observar masturbarse a su pareja. En particular, muchos hombres me dicen que esto les parece excitante. Si aprende observando con todo detalle qué es exactamente lo que haces cuando te masturbas, tu pareja puede descubrir mucho sobre tu ciclo de excitación que puede utilizar para mejorar el coito y a estimularte o masturbarte exactamente como más te gustaría. Estas lecciones no se pueden aprender en libros, son muy personales para ti.

Los puntos particulares que debes notar sobre la masturbación de tu pareja abarcan la posición del cuerpo, lo que se hace con las partes del cuerpo aparte de los genitales, qué cambios ocurren con la respiración, la expresión facial, la posición del cuerpo, etc., conforme se aproxima el clímax, cómo se estimulan los genitales, incluyendo la velocidad, la longitud del movimiento, la presión, etc., las señales de la cercanía del orgasmo y qué sucede exactamente en el orgasmo (qué tan lejos brota el semen, cuántos chorros presenta, etc.). Es obvio que un

*Están relajados, y él le está comunicando su placer. Ella rodea su pene firmemente con sus dedos, exactamente en la forma en que él lo hace cuando se masturba; ella está estimulando sus pezones para añadir eroticismo; su cuerpo desnudo contra el de él lo excita más, mientras que su ropa sexy alimenta sus fantasías.*

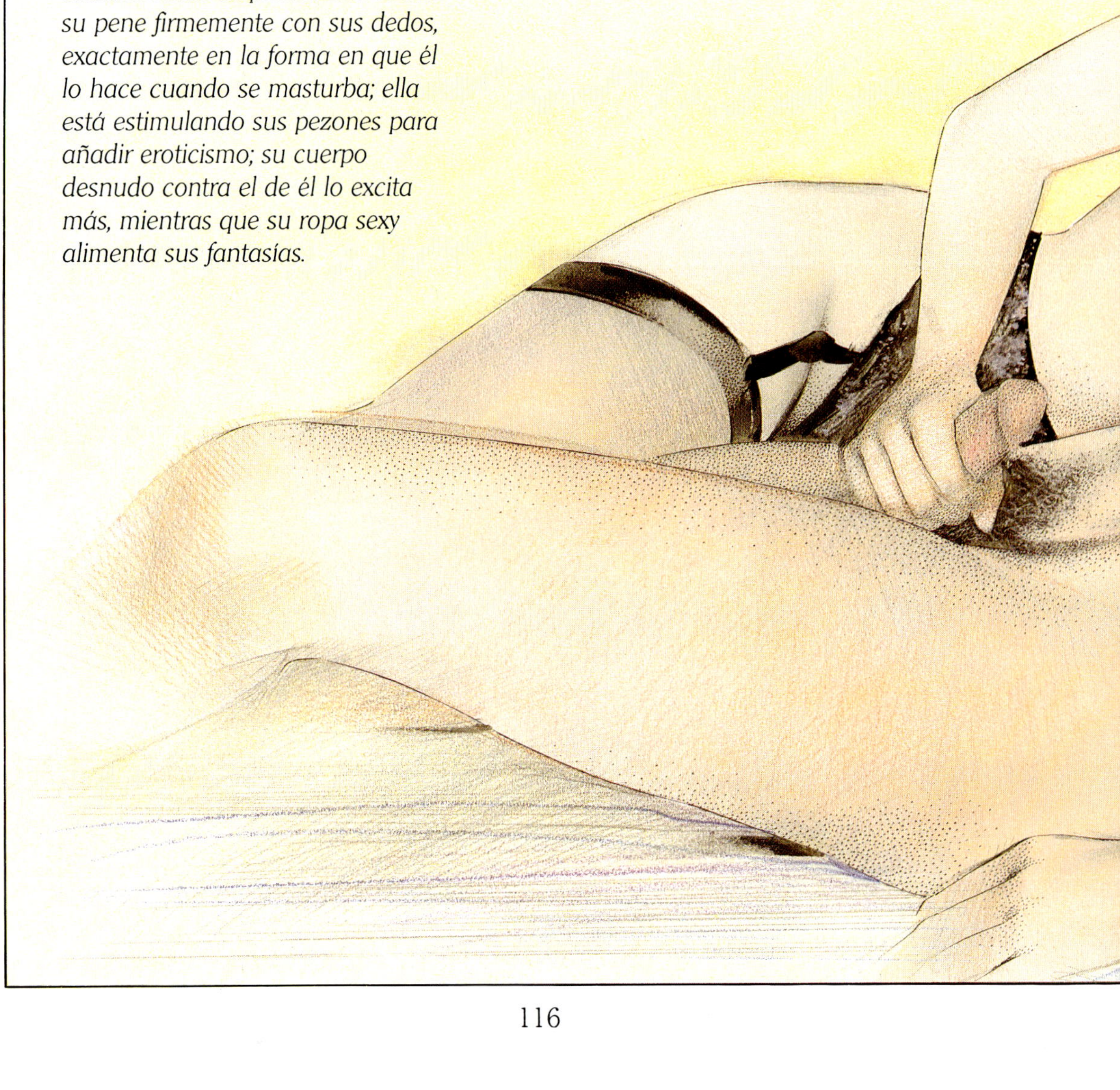

hombre también debe poder detallar el progreso de su pareja al clímax exactamente en la misma forma.

Las lecciones que se aprenden en esto son una inversión importante para la pareja promedio ya que estos ejercicios no sólo permiten a la persona sentirse más cómoda con la otra, sino que dejan poco a la imaginación... la cual puede jugarnos algunas travesuras al mejor de nosotros si nos mantenemos ignorantes.

El siguiente paso para este tipo de ejercicio es aprender a estimular a tu pareja en una forma que le proporcione tanto placer como cuando se estimula solo. La práctica hace al maestro y se requiere mucha práctica para acercarte a duplicar los métodos únicos de masturbación de tu pareja. Es un verdadero reto y una vez perfeccionado, será de gran valor para la vida sexual de la pareja. Según mi experiencia, en demasiados casos, una pareja se esfuerza

*Ésta es una posición excepcionalmente buena para la masturbación mutua. Hay mucho contacto corporal, ambos pueden alcanzar con facilidad el área genital del otro, y él puede besarla y mordisquear su cabello mientras acaricia sus senos con sus manos. Ella tiene una mano libre para guiarlo hacia lo que le gusta más y puede darse la vuelta para estimular su cuerpo donde él lo quiera más.*

por hacer que todo marche bien, pero a menudo un cónyuge no se da cuenta de lo que el otro quiere, y ninguno puede comunicar esto sin temor al rechazo, la pérdida o el ridículo.

Varios puntos se deben tener en mente cuando aprendas a masturbar a otro. Vale la pena recordarlos ya que tantas parejas tratan de dar y recibir placer de esta manera y no pueden lograrlo por algunos aspectos muy simples que se hubieran podido prevenir con un poco de planificación. Por ejemplo, lograr la posición correcta es esencial cuando masturbas a alguien. Como quien recibe la masturbación, debes estar tan cómodo como quien la produce. Las mejores posiciones implican mantener tus genitales tan cerca de tu pareja como sea posible.

Preparar el escenario y tener el estado de ánimo correcto ayuda mucho. Disminuir la intensidad de las luces, un poco de alcohol, un poco de tu música preferida, literatura sexual y un video erótico grosero pueden contribuir a la atmósfera. Mantén encendidas las luces para que puedas observar las expresiones de tu pareja; esto puede ser, en sí, muy excitante.

Emplea mucha lubricación en el pene o el clítoris. Date cuenta que la resequedad es enemiga de una buena masturbación. La jalea KY es ideal, pero un aceite para masajear suave funcionará. Se puede masturbar a un hombre usando talco, pero no es apropiado para una mujer.

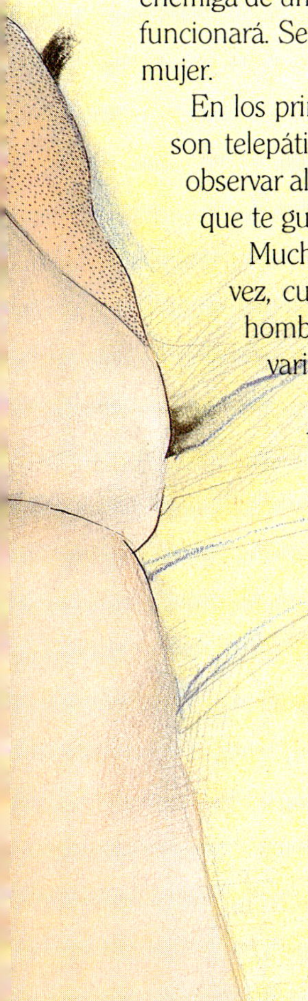

En los primeros días, también es esencial hablar uno con otro a menudo. Pocas parejas son telepáticas y la mayoría necesita instrucciones muy específicas, incluso después de observar al otro varias ocasiones. Parte de esta comunicación también debe incluir decir lo que te gustaría que se hiciera a otras partes de tu cuerpo.

Muchas mujeres dicen que prefieren que se haga todo exactamente igual, una y otra vez, cuando se les masturba; es lo predecible del placer lo que disfrutan. Algunos hombres dicen lo mismo, pero la mayoría anima a la mujer para que haga mas variaciones que la mujer promedio.

Una vez que hayan discutido, practicado y dominado todo esto, podrán masturbarse uno a otro en forma individual o mutua, siempre que lo deseen. Muchas mujeres están renuentes a tener sexo después de un bebé, otras no quieren sexo durante el periodo, o incluso en el periodo premenstrual y en ocasiones es imposible tener sexo, por ejemplo, después de una operación ginecológica o si cualquiera de los dos tiene una infección genital, etc. Con más frecuencia que en cualquiera de estos casos específicos, tenemos esas ocasiones en que uno quiere sexo pero el otro no se siente con ganas por alguna razón. Las parejas cuyo repertorio sexual contiene la maravillosa masturbación jamás quedarán resentidas o insatisfechas, y pueden confiar en el otro para responder a sus necesidades sexuales cuando el coito no es una posibilidad.

Para la pareja que está insegura de la salud sexual o la fidelidad del otro, el masaje erótico, seguido por masturbación o masturbación mutua, es una alternativa satisfactoria y excitante para el coito. Para la pareja estable que es fiel y tiene una vida sexual rica y satisfactoria, la masturbación puede complementar sus destrezas sexuales y siempre será un sustituto bienvenido o un cambio agradable.

# SEXO ORAL

*Usar la boca para estimular el cuerpo de tu ser amado es una parte natural de hacer el amor. A la mayoría de las parejas les gusta besarse, y no sólo en los labios, también disfruta que les laman o chupen el cuerpo en formas creativas. Por desgracia, la expresión "sexo oral" se ha vuelto restrictiva, sugiriendo que los enamorados sólo estimulan los genitales del otro oralmente; esto no necesariamente es así.*

Desde los más antiguos días de la infancia, aprendemos que la boca es un área excepcionalmente sensible y gratificante de nuestro cuerpo. En las primeras semanas de la vida, mamamos el pecho de nuestra madre o un biberón, y existe poca duda que esos recuerdos agradables permanecen con nosotros, aunque sea en forma inconsciente, hasta la vida de adulto.

Por lo tanto, la boca es nuestra primera zona erótica. Esto puede parecer una sorpresa para algunos lectores, pero pocos de los que han visto alimentarse a un bebé del pecho negarán que está sucediendo mucho más que la sola entrega de nutrientes. El bebé llega a disfrutar de la cercanía del cuerpo de su mamá, su tranquilizante latido cardiaco, su calor, el amor que muestra y quizá incluso sus sonrisas, canciones y conversación amorosa.

Todo esto produce una impresión duradera en un bebé y parece que un niño que tuvo gran cantidad de este tipo de experiencias afectuosas va a comer bien, no se chupará el dedo, quizá nunca use un chupón y es menos probable que fume como adulto. En otras palabras, su necesidad de gratificación oral será satisfecha principalmente por una madre amorosa que alimenta a su bebé cuando quiere y usa su pezón o un chupón para que esté cómodo, y no sólo como fuente de nutrientes.

Sin importar lo bien que nos cuiden después, como niños, la mayoría retiene un recuerdo agradable y quiere repetir las alegrías de la etapa oral de nuestro desarrollo psicosexual y erótico. Cuando digo "erótico", no necesariamente quiero decir que se trata de actividad genital y excitación. Por supuesto, a veces lo es, como cualquier madre experimentada en amamantar te puede decir. Muchas mujeres notan que durante una alimentación muy cercana y gratificante en el seno, un bebé puede tener una erección. Es claro que una respuesta equivalente tiene lugar en las nenas, es sólo que es menos obvia.

Esto sugiere que la boca llega a ser una de las zonas erógenas más importantes. De hecho, el área sensorial del cerebro que recibe impulsos de los labios y de la boca, es enorme, en comparación con la de casi cualquier otra área del cuerpo.

Entonces, el sexo oral es sencillamente cualquier actividad sexualmente estimulante y excitante producida por usar la boca. Besar es el tipo más simple y más obvio de sexo oral y, como ya hemos visto, la boca se puede usar en muchas formas creativas para producir y recibir sensaciones eróticas con tu pareja. Sin embargo, para la mayoría de las personas, el verdadero sexo oral implica los genitales. Esto es aún casi un tabú para muchas parejas porque los genitales son "privados" y el pensamiento de un contacto tan íntimo puede ser intimidante, incluso para individuos muy conscientes del sexo. Para muchas personas, y para las mujeres en especial, el contacto oral con sus genitales sigue siendo una de las acciones más íntimas que un hombre puede hacer. Muchas de mis pacientes femeninas me dicen que el coito es sencillo en comparación. Esta situación se produce como resultado de que tanta gente, y las chicas en particular, se críen pensando que sus genitales son sucios, olorosos o nocivos en otro sentido.

Es claro que cualquiera que sienta tales miedos, sin importar que sean inconscientes, tendrá problemas para poder relajarse lo suficiente para disfrutar del contacto oral-genital. Sin embargo, he encontrado que una vez que un individuo así se relaja, se sorprende y encanta por las exquisitas sensaciones que experimenta.

El sexo oral es totalmente seguro, sólo hay peligro si alguno de los dos tiene algún tipo de enfermedad o infección venérea. Además, si tienes un herpes, no tiene sentido chupar o besar los genitales del otro. Esto se debe a que el virus del herpes en las aftas se pueden transferir a los genitales y causar una infección ahí. Si tienes alguna duda de ser HIV positivo o si hay alguna señal de una posible infección genital, recomiendo fuertemente que no te dediques al sexo oral hasta que un doctor te declare sano.

Suponiendo que ambos están libres de infecciones genitales y no tienen aftas, lo siguiente es pensar en la limpieza genital. Aunque el sexo oral es muy agradable para la mayoría de las personas (de hecho, en muchas encuestas de conducta sexual ha resultado el más popular), a nadie le gusta el contacto oral con genitales que están sucios. Tanto la vagina como el pene del hombre llegan a oler por sus secreciones naturales si se dejan sin lavar un día. Las parejas que consienten el sexo oral siempre deben asegurarse de que sus genitales están inmaculadamente limpios. Esto significa bañarse al menos una vez al día o lavarse los genitales antes de que tenga lugar el sexo. Bañarse juntos en tina o regadera puede ser divertido y lavarse los genitales uno al otro puede ser parte de la estimulación erótica que precede al acto sexual. Ten cuidado cuando laves la vagina, nunca es necesario lavar el interior. Usa jabón aromático y desodorante vaginal con cuidado porque muchas mujeres sufren irritación de la delicada piel. Por lo general, el agua caliente y el jabón simple y sin aroma es suficiente.

Un par de puntos que vale la pena recordar antes de que empieces. En primer lugar, pónganse de acuerdo en unas cuantas reglas. Por ejemplo, una mujer puede sentirse feliz de meter el pene de su hombre en la boca pero no en la garganta o que eyacule en su boca. Establece las reglas por adelantado de manera que no se presenten situaciones desagradables de último minuto. Ambos cónyuges nunca deben ir más allá de lo que acordaron por adelantado. El hombre que empuja a lo más profundo de la garganta de su pareja mientras alcanza el clímax no solo es desconsiderado, sino que puede causarle gran daño mientras se ahoga por la acción inesperada. Por esta razón, muchas mujeres dicen que disfrutan más de chupar el pene de un hombre si pueden controlar la profundidad de la penetración.

Nunca muerdas los órganos sexuales, sin importar que lo hagas con suavidad o festivamente. El pene de un hombre, si lo muerdes, sangra muchísimo. Y nunca, nunca, soples los genitales. Esto puede ser peligroso para un hombre, pero puede ser letal para una mujer, ya que el aire entra a la fuerza en su útero y a las trompas de Falopio.

Muchas mujeres que consienten al sexo oral con regularidad, mantienen el pelo púbico recortado y algunas parejas incluso hace un juego erótico con esto, en que el hombre lo recorta, depila o rasura, de acuerdo a lo que les gusta a los dos.

Ahora vamos a examinar cómo puede un hombre excitar mejor a una mujer mediante el sexo oral. En primer lugar, es vital tener una posición cómoda ya que cuando ella está recostada, sus genitales están en un punto bajo y cerca de la cama, y estimularlos oralmente por cierto tiempo, puede ser cansado para el cuello del hombre. Tal vez puedas elevar su pelvis con una almohada o dos, o arrodillarte en el piso, frente a ella, entre sus piernas, con su pelvis en el borde de la cama.

Antes de que empieces a besar sus genitales, pasa un poco de tiempo acariciándolos con tus manos. De hecho, debes mantener tus manos acariciando su cuerpo todo el tiempo. Mordisquea su vulva y besa el área en torno a su ingle. Desliza tu lengua por toda el área para incitarla y excitarla con anticipación.

Ahora puedes besar los labios mayores y meterlos a tu boca, uno a la vez. Desliza tu lengua por la cara interna de cada uno, comenzando en la parte superior, cerca del clítoris, y deslízala hasta cerca de la vagina. Chupa los labios menores con suavidad y después, tal vez, desliza la lengua y los labios arriba y abajo, como hiciste con los labios mayores.

Después, pasa a la vagina en sí y desliza la punta de tu lengua por la abertura, pero sin penetrar en ella todavía. Deja que tu lengua se dirija a la parte entre la vagina y el ano y chupa toda la zona con firmeza. Introduce ligeramente y saca la lengua de su vagina en una forma

*Él ha aprendido lo que la estimula más al observarla masturbarse y ahora lo está poniendo en práctica usando la boca.*

incitante. Es posible que ella arquee la pelvis para acercarse a tu lengua si está muy excitada.

Para este momento, su clítoris está irguiéndose y poniéndose duro. Suavemente chupa y besa la zona a su alrededor. Cuando esté ansiosa de que le beses este órgano en sí, pasa la lengua por la base y su punta con mucho cuidado y déjate guiar por lo que ella disfruta más. Algunas mujeres no pueden soportar que les estimulen el clítoris directamente con la mano, y sin embargo les parece mágico sentir una lengua. Conforme se excita cada vez más, podrías insertar un par de dedos en su vagina. Algunas mujeres me dicen que les gusta que les dilaten la vagina lo más posible... de hecho, ésta es su mejor fuente de excitación. Continúa acariciándola con tus manos, una quizá en su seno o pezón, y la otra en la vagina. Unas cuantas mujeres prefieren un vibrador a los dedos en su vagina, y un consolador también puede producir mucho placer. (El uso de estos aparatos se describe en la siguiente sección.) Experimenta y habla con ella, para que te diga qué es lo que la estimula más. Mantén toda el área húmeda con saliva; deténte y comienza de manera que la provoques y eleva su nivel de anticipación; siempre déjate guiar por sus deseos.

Ahora vamos a examinar cómo puede una mujer excitar a un hombre mediante el sexo oral.

Cuando te aproximes al pene, ten cuidado de no doblarlo demasiado hacia abajo. En lo fundamental, el pene erecto apunta naturalmente hacia arriba, más o menos. Quizá empieces tan sólo besándolo. Después de todo, el sexo oral se puede considerar como una extensión de otras acciones de hacer el amor oralmente, y se debe hacer con naturalidad, una vez que ganes experiencia. Cubre el pene de besos, asegurándote que los dientes no entren en contacto con él. Es importante que te busques una posición en verdad cómoda, de manera que no tengas después dolor de cuello. Mientras besas más el pene, trata de chuparlo como una paleta. Desliza la lengua en torno a la cabeza con un movimiento giratorio y asegúrate de prestar atención al pequeño reborde en el lado interno, donde la cabeza se une al cuerpo. Este frenillo, como se le llama, es exquisitamente sensible en la mayoría de los hombres y puede hacer que algunos de ellos lleguen al clímax en segundos. Si no es lo que deseas, ten cuidado y fíjate qué tanto lo estimulas. Ahora trata de chupar el cuerpo del pene, aplicando todo el ancho de la lengua y deslizándola hasta sus testículos. Después tal vez hagas un movimiento circulatorio por el escroto, presionándolo. Con suavidad toma uno de sus testículos en la boca y chúpalo. Comprime tu boca, pero no muerdas. Ahora, sube a la cabeza del pene de nuevo, y tomándola en tu boca, usa la lengua creativamente para estimular la punta.

Incítalo sacando el pene de tu boca y poniéndolo en tu palma, después chúpalo, bésalo con ternura y haz todo lo que sepas que le gusta. Cuando parezca muy excitado, ponlo de nuevo en tu boca y chúpalo fuerte unas cuantas veces. Después, mételo y sácalo de tu boca lo más profundamente que puedas y que te haga sentir bien y llévalo al orgasmo, si es lo que han acordado ambos. Si uno no quiere hacerlo, continúa estimulándolo hasta que eyacule, quizá sobre tus pechos o en un pañuelo de papel que debes tener a la mano. Si están de acuerdo en poner el semen en tu boca puedes tragarlo si lo deseas, es totalmente seguro, y, por supuesto, no te puedes embarazar haciendo esto.

Siempre mantén tus manos en movimiento sobre su cuerpo, quizá acariciando sus genitales, el ano, los pezones o lo que sea que disfrutes más. Recuerda actuar con calma, detenerte a incitarlo y hacer exactamente lo que más le gusta, no sólo lo que funcionó con otro hombre.

Las parejas que dedican tanto tiempo y esfuerzo a producirse placer oral entre sí, encuentran que tienen una vida sexual muy gratificadora. De hecho, para algunas parejas, el sexo oral se convierte en una alternativa perfectamente aceptable al sexo del pene en la vagina si no es posible por alguna razón, quizá porque un cónyuge acaba de hacerse una operación o tiene una infección, o el coito es especialmente doloroso.

Algunas parejas no encuentran muy excitante el sexo oral, incluso cuando no se sienten muy atraídos por tener relaciones sexuales. Muchas personas encuentran que pueden alcanzar un segundo orgasmo o el siguiente con caricias orales incluso si esto no puede suceder con cualquier otro método. Esto también funciona muy bien para el hombre que necesita volver a excitarse poco después de un orgasmo.

---

*En esta posición, la mujer puede controlar con facilidad la profundidad de la penetración con su mano y él puede acariciarla mientras ella lo excita.*

*Cuando uses cualquier tipo de juguete sexual es esencial que personalices su uso al individuo con el que estás haciendo el amor.*

# *TIEMPO PARA RETOZAR*

Los juguetes sexuales han sido populares entre los enamorados desde que se inició la historia escrita. Como algo para fortalecer el placer, pueden tener efectos dramáticos y también añadir un elemento de diversión a cualquier relación. Hacen accesibles nuevas gamas de experiencias para los enamorados que normalmente son emprendedores y son útiles para parejas que están aburridas o, quizá, inhibidas. Los juguetes sexuales no son para excéntricos ni para personas raras, se pueden obtener fácilmente por correo, ¡y no son adictivos!

Existen muchos tipos de ayudas o juguetes sexuales, que están dirigidos a parejas que desean enriquecer su vida sexual, y el más vendido de ellos es el sencillo vibrador con forma de pene. Este juguete de plástico está diseñado para estimular la vulva, los pezones, el clítoris, la vagina o el ano. A algunas mujeres les gustan las sensaciones producidas por una vibración en la parte externa del cuerpo y otras disfrutan más las que se producen dentro de ellas, tal vez en la parte de la vagina, donde se ubica el punto G. Los hombres también pueden obtener placer de las sensaciones de un vibrador, pero son muchos menos hombres que mujeres los que dicen que es un juguete favorito.

Los vibradores funcionan con baterías o se conectan a la instalación eléctrica. Si compras uno con baterías, asegúrate que éstas estén en buen estado. Es claro que la falta de energía no es problema para las variedades que se conectan a la instalación eléctrica, pero algunas mujeres se preocupan porque se utilice la electricidad de la instalación cerca de sus genitales. No hay de qué preocuparse. El mejor lugar para usar un vibrador en un hombre es en la punta del pene, sobre el frenillo (ve la página 124). Presiona con fuerza en el pene y ve el efecto que tiene. Hay quienes llegan al clímax sólo con esta estimulación.

Cuando utilices tu vibrador, la única advertencia que enfatizaré es que como con cualquier otro juguete sexual que pueda entrar en tu cuerpo, debes mantenerlo escrupulosamente limpio. En particular, un vibrador que ha estado en el ano o cerca de él, se debe lavar antes de introducirlo en la vagina. Y, dado que estoy dando las precauciones, debes tener mucho cuidado, de no compartir tus juguetes sexuales con nadie, a menos que estés totalmente seguro que la otra persona está limpia de infecciones venéreas. No hay peligro en usar un vibrador en el ano siempre y cuando dejes fuera suficiente de él para sostenerlo con firmeza. Si lo empujas demasiado, puede perderse.

El siguiente juguete más popular es el consolador o pene artificial. Por lo general, los consoladores se hacen con látex firme y se venden en muchos tamaños. Si como mujer estás seleccionando uno, es probable que escojas uno demasiado pequeño ya que es fácil subestimar el diámetro de la vagina excitada. Por otro lado, un hombre suele comprar un consolador para su compañera que es demasiado grande. Yo recomiendo que juntos lo escojan y que selecciones el tamaño más grande del que la mujer crea que será cómodo. Un consolador así proporcionará una estimulación máxima incluso cuando la vagina esté dilatada al máximo durante la excitación.

Puedes emplear el consolador en muchas formas distintas. A algunas mujeres les gusta usar uno cuando se masturban solas o con su pareja, otras disfrutan que su hombre lo utilice en su vagina conforme se están excitando al hacerse el amor. Como hombre, es probable que masturbar a tu pareja y usar un consolador al mismo tiempo sea muy excitante para ti, y dejará libres las manos de la mujer para acariciar su propio cuerpo, en especial, sus senos.

Es variable lo que una mujer disfruta más con un consolador. Para algunas, lo mejor es insertarlo profundamente y dejarlo ahí, mientras que otras son infelices a menos que se introduzca y extraiga como un pene grande. A unas cuantas les gusta que se meta ladeado, de manera que dilate la abertura vaginal y, sin embargo, penetre poco.

Muchos más hombres disfrutan la estimulación anal de lo que se piensa en general... de hecho, ambos sexos encuentran que la estimulación anal es un placer inesperado. Tenemos consoladores pequeños especiales para uso anal y los vibradores especiales también son populares. Los tapones anales, grandes y de látex, dilatan bastante la abertura anal y son populares entre algunas personas de ambos sexos. Mencioné antes las precauciones necesarias para cualquier forma de juguete anal, pero aparte de esto no debe ser causa de preocupación ya que ninguna forma de juego anal produce SIDA. Sólo es posible contraer SIDA mediante el juego sexual con alguien que tiene SIDA o es HIV positivo.

Muchas parejas emplean lubricante sexual de algún tipo durante su vida sexual, pero la más segura y fácil de encontrar es la gelatina KY, una gelatina estéril y soluble en agua que, aparte de su frialdad cuando se usa directamente del tubo, es una ayuda agradable y útil para casi todo enamorado. Se pueden obtener otras variedades que tienen un tacto más natural. Una, fabricada por una compañía grande y respetable, imita las secreciones vaginales con bastante precisión.

Los lubricantes se emplean si la mujer no está bastante excitada para hacer fácil la penetración, y en juguetes sexuales que se insertan en la vagina y, en especial, en el ano. Los consoladores necesitan lubricación cada vez porque el látex no posee una cualidad resbalosa natural. Si un consolador o vibrador se usa en una mujer con una invalidez física, por lo general, la lubricación es vital ya que las secreciones vaginales normales pueden ser escasas.

También puedes divertirte con los condones. Se emplean principalmente como protección contra el SIDA, otras enfermedades venéreas y, por supuesto, para evitar el embarazo indeseado, y su uso se explicará en su totalidad en la siguiente sección, pero la pareja que los emplea a menudo también los pueden utilizar como "juguetes". Puedes poner un condón con rebordes o rugoso en un vibrador, por ejemplo, o usar uno en el pene, para producir una sensación vaginal diferente. La mayoría de las mujeres dice que los condones con diseños poco comunes producen muy pocas diferencias en la sensación, pero el elemento de diversión y su valor de novedad a veces puede fortalecer una vida sexual que es rutinaria en todo otro sentido, de manera que pruébalos.

Ahora veamos la categoría de juguetes sexuales que vale la pena mencionar porque si se emplean con sensatez, pueden proporcionar una gran diversión, pero que, en esencia, son bastante frívolos y carecen de un valor demostrado. Muchos hombres piensan que sus penes son demasiado pequeños y, en consecuencia, es claro que existe un mercado para "agrandadores del pene". Los más simples son anillos que se utilizan en la base del pene. Aprietan el órgano e impiden que la sangre lo deje. Esto produce una erección grande y dura en la mayoría de los hombres. Es esencial utilizar anillos fabricados profesionalmente porque si son demasiado rígidos y no se pueden retirar con rapidez pueden ser muy peligrosos.

Otra forma de "agrandar" el pene es usar una funda parecida a un condón que añade dos a cinco centímetros a la longitud del órgano. Se sujeta al pene y puede ayudar a dar confianza al hombre, pero puede ser al costo de una reducción de la sensibilidad de la mujer y, verdaderamente, para quien lo utiliza. A la mayoría de las mujeres no le importa la longitud del pene de su hombre, a menos que sea terriblemente corto, pero si una extensión artificial mejora el ego del hombre y la mujer no se molesta, ¿quién va a decir que es una pérdida de tiempo? Sin embargo, las cremas, los rociadores, los lubricantes y las pociones especiales que afirman producir un desempeño sexual mucho mayor son una total pérdida de tiempo y de dinero.

La ropa interior sexy para ambos sexos es, después de los vibradores, el grupo más vendido de la industria comercial del sexo, y es un hecho que su uso puede animar las sesiones amorosas de la pareja. Varía de ropas pequeñas a inventivas que son diseñadas para facilitar la penetración y hacer el amor, hasta ropa interior de alta calidad que es más fácil de obtener en tiendas de departamentos o de especialidades.

Para los más emprendedores, las tiendas de sexo también venden juguetes y equipo que abastecen el mercado sadomasoquista. Vimos brevemente esto en la página 53. Basta decir que un número cada vez mayor de parejas encuentra que algún tipo de juego amoroso en que se emplee restricción, incitación e incluso un poco de dolor, aumenta su excitación y la calidad del orgasmo. La gran mayoría de esas parejas no se consideran "chifladas" y de ninguna manera consideran que lo que hacen es poco amoroso. Es sólo que tienen, por razones totalmente inconscientes, la necesidad de dar y recibir "dolor", aunque en general es más bien simbólico. Los placeres simples en esta área se pueden adaptar al atarse uno a otro con cualquier objeto útil que tengas a las manos, por ejemplo, pero para las personas creativas y emprendedoras, se pueden obtener juguetes sexuales especiales.

Libros, revistas y videos también son ayudas sexuales muy populares. Pocas parejas no han comprado nunca una revista sexy y existe evidencia de que los videos "porno" son comprados o alquilados más por esposos y esposas perfectamente convencionales. De hecho, éste es un gran mercado en crecimiento en todos los países occidentales.

Por último, me gustaría mencionar los artículos que son pura diversión y que no tienen un propósito sexual real pero que hacen reír a quien los recibe y quizá un momento de diversión sexual. Las velas fálicas, las cartas del zodiaco excitantes, las cartas de baraja atrevidas, etc., son favoritas desde hace mucho y lo han sido por décadas.

Los juguetes sexuales son, y siempre han sido, populares entre los enamorados creativos que desean enriquecer y mejorar su vida sexual. Reducen el aburrimiento, nos hacen reír, crean nuevas sensaciones que no pueden tener quienes se dedican sólo al sexo "puro", son útiles en las personas de edad o con incapacidades, y por lo general, bien valen lo que cuestan. Para los cónyuges que están inseguros respecto a la salud sexual del otro, pueden proporcionar una vida sexual rica y estimulante cuando la actividad genital directa es imprudente.

# *PRECAUCIONES Y PROTECCIÓN*

*Cada vez que nos permitimos el orgasmo al hacer el amor sensual, o que tenemos coito, corremos el peligro, sin importar lo teórico que sea, de que se conciba un bebé. Sin embargo, la vasta mayoría de las experiencias sensuales y del coito no produce un bebé, ya que el sexo se ha vuelto principalmente algo recreativo más que procreativo. Esta sección sirve para introducir el tema del sexo seguro y el control del nacimiento.*

La mayoría de las parejas modernas palidecerían al pensar en la vida sexual de sus bisabuelos. Hace un siglo, es probable que una mujer se atormentara al pensar en un embarazo indeseado tras otro. Le robaban la salud, le proporcionaban más bocas qué alimentar e individuos para nutrir, y sin duda afectaba su relación sexual con su marido.

Con la aparición de los anticonceptivos modernos, la situación ha cambiado dramáticamente y los embarazos indeseables, aunque todavía comunes, son menos peligrosos en relaciones de exclusividad. Ahora las mujeres tienen la libertad para escoger si quieren embarazarse y cuándo, y eso ha cambiado el cariz de la sexualidad humana, dentro y fuera de la alcoba.

Tradicionalmente, los anticonceptivos han sido el asunto del hombre. El método más popular hasta que la píldora anticonceptiva combinada se empezara a emplear a finales de la década de 1960, era el condón. En general, los métodos masculinos aún predominan en todo el mundo actual, si excluimos el amamantar, que aún es la forma más extendida de anticoncepción. La mujer promedio que amamanta libremente siempre que ella o su bebé desean, no ovulará por catorce meses. Es la razón de que la mayoría de las mujeres en todo el mundo tienen bebés separados por cerca de dos años y medio en gran parte de su vida reproductiva.

Las expectativas de contracepción cambiaron con la aparición de la píldora, ya que ahora las mujeres podían apropiarse la responsabilidad total de su actividad reproductiva y se excluyó a los hombres, excepto, por supuesto, al considerar que toman parte en la decisión de la mujer. Existen señales que indican que las parejas actuales están haciendo de la anticoncepción una decisión conjunta, pero después de indicar esto, las parejas jóvenes que se dedican al coito e ignoran la anticoncepción aún se están exponiendo al arriesgarse a tener un embarazo indeseado y al exponerse a los riesgos de las enfermedades de transmisión sexual. Al considerar que la mayoría de las personas al final de la adolescencia se siente indestructible y que, desde su punto de vista, las enfermedades y los embarazos son algo que le sucede a otros, es poco lo que se puede hacer para mejorar la situación.

Las parejas jóvenes que se dedican al sexo, como lo hace la vasta mayoría, suelen ser algo impulsivas en su elección de contracepción, si es que usan algo; esto hace que el condón sea el más popular. Conforme se establece una pareja a una vida sexual regular, la píldora se vuelve el método más común. Tiene muchas ventajas, como veremos, y muchas mujeres jóvenes sanas la utilizan hasta que empiezan una familia. Es buena idea dejar la píldora seis meses antes de intentar tener un bebé, de manera que los procesos metabólicos vuelvan a la normalidad antes de que se presente la concepción.

Una vez que una pareja joven tiene familia, puede pensar de nuevo en la píldora y a menudo suele escoger una forma de anticonceptivo de barrera, como el diafragma, la esponja o, por supuesto, el condón. El dispositivo intrauterino, o DIU, ha sido una elección popular para las mujeres en el pasado, pero en la actualidad están surgiendo dudas sobre los riesgos de infecciones internas que pueden poner en riesgo la fertilidad futura. Como resultado, algunos médicos, en especial, en los Estados Unidos, están pensándolo bien antes de sugerir esto como método anticonceptivo para cualquier pareja que desee tener bebés en el futuro. En la actualidad, sólo existe un DIU aceptado en los Estados Unidos, como resultado de costosas litigaciones contra los fabricantes.

Si se emplean con inteligencia y meticulosidad, los métodos naturales de anticoncepción pueden ser tan efectivos como el diafragma, cuando se desea un espacio de tiempo antes del siguiente hijo. Sin importar cuál método use una pareja para espaciar a sus dos o tal vez tres hijos, por lo general no es un gran problema si la concepción tiene lugar en un momento que no es el "ideal" que han determinado. Sin embargo, conforme pasan los años y completan la familia, la mayoría de las parejas busca algo más confiable para impedir otros embarazos. Estas parejas ya no están "planificando la familia", ya no quieren más bebés, según lo que pueden pronosticar.

Esta actitud los ha conducido a una situación en que alguna forma de esterilización es la anticoncepción favorecida por cerca del tercio de todas las parejas de más treinta y ocho años de edad. Esto se está volviendo más popular conforme las mujeres son menos felices con los efectos a largo plazo de la píldora, e incluso de la minipíldora, y están preparadas para apostar a que no cambiarán de opinión sobre tener más hijos. Con tantos divorcios y nuevos matrimonios en la actualidad, puede ser un problema ya que algunas personas descubren que quieren tener un bebé con su nueva pareja, muchos años después de que fueron esterilizadas. La investigación de métodos confiables de esterilización, y que sin embargo sean reversibles, se ha vuelto una verdadera prioridad para el futuro.

Vamos a examinar ahora cada uno de los métodos más comunes de anticoncepción y veamos cuáles son sus ventajas y desventajas. También vamos a examinar cómo se pueden usar amorosamente como parte de una vida sexual activa.

Los métodos masculinos son, como hemos visto, los más populares a escala mundial. El más común por mucho es el condón. Ha recibido una enorme publicidad y ha aumentado su aceptación entre el público por su valor protector contra la transmisión del virus del SIDA.

Las ventajas del condón son que es seguro, barato, lo puede usar cualquier hombre, proporciona protección contra las enfermedades venéreas y el SIDA en particular, reduce la sensibilidad del pene, lo que puede ayudar al hombre con eyaculación prematura, se puede usar cuando la mujer tiene una infección vaginal y que sin embargo desea sexo, puede ser rugoso o tener rebordes para producir más sensaciones diferentes a la mujer, se obtiene en cualquier lugar sin receta médica o sin tener que consultar a un médico o ir a una clínica y no tiene efectos secundarios médicos.

Sólo tiene dos posibles desventajas. Aunque la reducción de la sensibilidad del pene puede satisfacer a algunos hombres, para otros no es una ventaja. A algunas mujeres también les desagrada el condón ya que reduce la estimulación en ellas. En esta situación son mejores los condones delgados, pero con la protección contra el SIDA en mente, los condones deben ser más gruesos y resistentes, lo que aumentará más el problema. La otra desventaja de que las parejas se quejan es que al estar el condón directamente relacionado con el acto sexual, ponérselo puede interrumpir el avance de hacer el amor en un momento crítico. Esto no

necesariamente debe ser un problema, ya que muchas parejas enamoradas descubren que reciben un placer considerable de que la mujer ponga el condón a su hombre como parte de la estimulación erótica, y esto es lo que recomiendo.

Para que un condón sea efectivo y agradable de usar, se debe emplear en forma apropiada. En primer lugar, nunca vuelvas a usar un condón. Después, asegúrate de ponerlo bien antes de que el pene se acerque al área vaginal. Pueden haber espermatozoides en el fluido que sale de un hombre, incluso antes de que eyacule. Cuando el pené está totalmente erguido, toma la punta del condón entre el índice y el pulgar de una mano, y utiliza los dedos de la otra mano para enrollar el caucho hacia abajo, de manera que el pene quede totalmente cubierto. Extraer el aire de la punta del condón de esta forma, le permite llenarse de semen cuando el hombre eyacula.

Cuando el condón se aplica, debes ser capaz de ver los anillos de empaque con claridad. Ahora haz el sexo como normalmente lo harías y después de la eyaculación, y antes de que mengue la erección, el pene se debe retirar, sosteniendo la base del condón al mismo tiempo, para asegurar que no se suelte dentro de la vagina.

Para estar en verdad protegidos contra el embarazo y el riesgo de las enfermedades de transmisión sexual tiene sentido usar una gelatina o espuma espermaticida en la vagina. Esto mata el virus del SIDA y aumenta la seguridad anticonceptiva. Nunca utilices vaselina o cualquier otro lubricante derivado del petróleo. Emplea sólo lubricantes que se disuelven en agua ya que no destruyen el caucho del condón.

Desde el punto de vista de hacer el amor, si usas los condones para diversión como ayuda sexual, éstos pueden tener mucho éxito si ambos le sacan el máximo partido a ponerlo. Algunas mujeres están felices de hacer el amor con la boca a su pareja sólo si se pone un condón mientras otras encuentran inaceptable el sabor del caucho en la boca... ¡aunque ahora se pueden conseguir unos con sabor! La experiencia clínica me ha enseñado que la mayoría de las parejas prefiere no usar el condón si no es necesario, pero que de todos los métodos disponibles aún es el preferido en muchas situaciones sexuales.

Se ha hablado mucho de la píldora para el hombre pero aún dista mucho de ser una realidad. Desde un punto de vista legal, es probable que las compañías farmacéuticas estén cada vez más circunspectas de fabricar esta píldora, hasta que cualquier posibilidad de efectos secundarios dañinos se haya eliminado. Uno de los expertos más importantes del mundo ha dicho que al considerar el estado actual de litigación sobre los efectos secundarios de los anticonceptivos, no existe duda que terminaremos la década con menos métodos anticonceptivos que al empezar, no con más.

Incluso si se pudiera perfeccionar una píldora masculina, y es posible, muchas mujeres dicen que no confiarían en que su hombre la tomara con seguridad. Después de todo, afirman, es la mujer la que debe cargar al bebé si el hombre no ha sido bastante responsable y, por supuesto, tienen razón. Para mí tiene sentido que es menos probable que un hombre sea escrupuloso en tomar una píldora de este tipo, si se piensa que no es quien va a obtener el mayor beneficio de hacerlo. Según creo, esto debe conducir al fracaso del método. Por lo tanto, no visualizar que la píldora masculina esté disponible ampliamente en el futuro previsible.

---

*Ella ha colocado un condón como parte de su estimulación erótica. Ninguno de los cónyuges ha sentido que hacer el amor se ha interrumpido.*

La vasectomía es un procedimiento en que se ligan y cortan los conductos que transportan el esperma de manera que ya no pueden viajar por el pene. Se debe considerar irreversible para todos los propósitos prácticos, incluso aunque algunos hombres se han hecho operación de reversión con éxito. Las ventajas son que como anticonceptivo es virtualmente efectivo en un cien por ciento de los casos; no afecta el impulso sexual en la mayoría de los hombres, una vez que se lleva a cabo ya se no necesita volver a preocuparse y el hombre puede estar seguro que no es padre de hijos que no desea.

La mayor desventaja de la vasectomía es que se debe considerar virtualmente irreversible, lo que puede ser un dolor de cabeza para el hombre que se vuelve a casar y desea hijos con su nueva esposa. La proporción de la reversión en una operación está aumentando conforme la profesión médica gana experiencia. Algunos estudios muestran que en manos con gran destreza, más de la mitad de las operaciones se pueden revertir. Otra desventaja potencial es el hombre psicosexualmente inestable que tiene problemas sexuales de los que puede ni siquiera ser consciente, puede activar mayores dificultades de ejecución sexual. Por último, la vasectomía no es efectiva de inmediato y se deben emplear otros métodos anticonceptivos por cerca de cuatro meses después de la operación, hasta que el sistema quede libre de espermatozoides vivos. Éste puede ser un tiempo delicado para algunas parejas si la mujer está insegura o intranquila sobre que su hombre esté esterilizado, e intenta lograr un embarazo por última vez.

Desde un punto de vista sexual, la vasectomía es la elección ideal para la mayoría de las parejas. Permite el sexo espontáneo e ininterrumpido y no plantea un gran riesgo médico. Esta libertad de la preocupación sobre la anticoncepción puede, a menudo, abrir todo un nuevo capítulo en la vida sexual de la pareja.

El *coitus interruptus*, o coito interrumpido, es un método muy antiguo pero algo insatisfactorio en que el hombre retira su pene de la vagina poco antes de que eyacule. La tasa de fracaso es muy elevada y hacer el amor puede ser poco atrayente, ya que la pareja debe adoptar un número muy restringido de posiciones si el hombre debe tener la posibilidad real de retirarse con suficiente rapidez, la mujer a menudo siente que no se puede relajar ya que tiene mucho miedo de que eyacule dentro de ella y la embarace, y pocas mujeres, o ninguna, pueden tener orgasmos con tan pocas embestidas. Por último, es un método deficiente para parejas menos maduras ya que el hombre puede no haber aprendido a anticipar su orgasmo, y, por lo tanto, será menos capaz de retirarse a tiempo. Después de decirlo, algunas parejas que tienen mucha experiencia y donde el hombre tiene control eyaculatorio casi perfecto, pueden utilizar este método con tranquilidad.

De los métodos femeninos de anticoncepción, de los que existen muchos más que para los hombres, el más conocido es la píldora anticonceptiva combinada. Actúa suprimiendo la ovulación con hormonas. Cuando la mujer deja de tomarla, después de veintiún o veintidós días, experimenta un sangrado por dejarla que parece ser un periodo. El otro tipo de píldora es la minipíldora que se toma todo el mes. Es más apropiada para mujeres mayores para las que la píldora combinada puede ser peligrosa desde el punto de vista de la salud.

La mayor ventaja de la píldora es su efectividad del cien por ciento si se toma todos los días. No está directamente relacionada con el coito y una mujer es libre de tener sexo siempre que lo desee, sin preparaciones; no estorba al hacer el amor. La píldora también tiene algunos efectos médicos que son positivos. Por ejemplo, ciertas enfermedades del seno, cáncer de los ovarios, cáncer del recubrimiento de la matriz y artritis reumatoide son menos comunes en mujeres que toman la píldora. Algunas mujeres informan de tener un mejor cutis, en especial poco antes del periodo, cuando lo frecuente es que esté peor. La píldora también permite a una mujer planear sus periodos, por ejemplo, para no menstruar en vacaciones o en su luna de miel. Esto se puede hacer tomando dos paquetes completos, uno tras otro, sin interrupción y sólo se puede emplear si se está tomando una píldora anticonceptiva combinada. Las píldoras más nuevas, llamadas "trifásicas", se pueden manejar para posponer un periodo, pero es mucho más complicado y lo debes discutir con el médico. Las mujeres que emplean la píldora tienen menos dolores por el periodo y son menos dolorosos cuando tienen lugar. La pérdida de sangre es menor en cantidad y duración en un periodo inducido por la píldora ya que la mujer tiene menor recubrimiento de la matriz.

Esta formidable lista de ventajas ha hecho de la píldora anticonceptiva la elección más popular para muchas jóvenes que están en buena condición física y sanas. Proporciona a las mujeres la libertad sexual total y sin responsabilidad por su fertilidad.

Contra esto, la píldora esta recibiendo cada vez más mala publicidad en diversas áreas de salud y existe poca duda, desde mi punto de vista, que menos mujeres estarán preparadas para tomarla conforme pasen los años. Trabajando con investigación que se realizó con las píldoras anticonceptivas combinadas de alta dosis más antiguas, los doctores aún actúan con cautela cuando se trata de sugerir una píldora para mujeres mayores. Esto se debe a que se descubrió que las mujeres de más de treinta y cinco años de edad corrían mayor riesgo de enfermedades cardiovasculares, apoplejía y coágulos en las venas si tomaban la píldora de dosis elevada. Esto es especialmente cierto si también fumaban y tenían sobrepeso. La evidencia que relaciona la píldora con el cáncer de seno y el de cuello uterino es conflictiva. Conforme se acumula la experiencia con las píldoras más nuevas de dosis bajas, y últimamente con la trifásica, es posible que se tenga que reconsiderar la evidencia de los efectos adversos de la píldora. Mientras tanto, los médicos suelen recomendar que las mujeres de más edad empleen otra forma de anticoncepción o una minipíldora del tipo que sólo contiene progesterona.

El único otro método anticonceptivo que puede ofrecer el mismo tipo de cobertura sin los efectos secundarios es la vacunación contra el embarazo que en la actualidad se está probando en los Estados Unidos. También se está llevando a cabo en los Estados Unidos investigación para un condón femenino que se ajusta a la vagina y sobre la vulva. En la actualidad, está bajo investigación en diversos países. Parece un condón muy ancho que está sellado de un lado. El extremo cerrado se introduce en la vagina, donde se mantiene en su lugar gracias a un anillo. Otro anillo en el extremo abierto evita que se deslice a la vagina. Los hombres que han participado en las pruebas dicen que les parece preferible al condón y algunas mujeres afirman que mejora el orgasmo, quizá porque el anillo externo se frota contra el clítoris.

El DIU ha sido un método favorito de anticoncepción para mujeres durante muchos años, principalmente porque una vez que se coloca en la cavidad del útero, se puede dejar ahí y olvidarse por largo tiempo. No interfiere al hacer el amor y es apropiado para muchas mujeres. No se sabe cómo funciona el DIU pero de alguna forma su presencia en el útero evita que un huevo fertilizado se aloje y desarrolle en un feto. Es discreto al hacer el amor aunque algunos hombres dicen que pueden sentir la "cola" del dispositivo que sobresale del cuello uterino de la mujer de manera que el DIU se pueda retirar en fecha posterior. Si esto es un problema, por lo general un médico puede recortarlo.

Sin embargo, al utilizar el DIU, muchas mujeres experimentan periodos más fuertes, el dispositivo puede salirse sin que la mujer se dé cuenta, se desconocen los efectos a largo plazo de irritar el útero, son más comunes los embarazos que tienen lugar fuera del útero y en las trompas de Falopio en las mujeres que usan DIU, por principio de cuentas, lo debe insertar un experto, y por último, aunque no menos importante, se sabe que el DIU causa infecciones del útero y las trompas de Falopio. Por lo general, estas infecciones no son obvias desde el punto de vista médico y sin embargo, pueden causar esterilidad a la mujer. Como mencioné antes en esta sección, esto ha causado que algunos doctores cautos se resistan a prescribir el DIU para cualquier mujer que pueda desear tener más hijos.

Las tabletas, espumas y gelatinas espermaticidas vaginales son útiles, pero no solas. Se deben introducir en la vagina antes del sexo y se deben emplear con condón o diafragma. Son fáciles de usar, baratas y funcionan bien. Pero a muchas mujeres les parecen sucias y no favorecen el sexo oral. También es aconsejable no lavarse ni bañarse hasta después de seis horas para asegurar la protección total.

En mi opinión, el diafragma es un método anticonceptivo muy menospreciado. Es fácil de utilizar, barato, sólo se emplea cuando la mujer desea tener sexo, no tiene efectos secundarios, puede ser casi tan efectivo como la píldora y puede utilizarse para detener el flujo menstrual para la pareja que desea tener sexo durante el periodo menstrual. Las desventajas del diafragma son que no es apropiado para la mujer que tiene reservas de manejar sus genitales, interfiere con las sensaciones de la parte frontal de la vagina (alrededor del punto G), lo que puede ser una molestia para las mujeres que disfruta de su estimulación, se debe poner antes del sexo y, por lo tanto, se requiere de algo de premeditación, y se debe revisar con regularidad ya que pueden aparecer agujeros. A pesar de estas desventajas, el diafragma es un método anticonceptivo apropiado para la pareja que está espaciando su familia, e incluso para la mujer que ha completado sus partos y quizá sea menos fértil de lo que era a los veinte años de edad.

La pareja amorosa que usa un diafragma puede hacer que insertarlo sea parte de la estimulación erótica que precede al coito. Y en los primeros días de aprender a usarlo, puede ser divertido buscarlo, ¡ya que se cae de los dedos a la cama! Las mujeres con una vida sexual activa se ponen con regularidad el diafragma todas las noches, sin importar si tienen sexo o no. Alternativamente, si es probable que tengas sexo sólo en raras ocasiones, el diafragma es un método anticonceptivo muy apropiado ya que está vinculado directamente con el acto en sí, y significa que no tienes nada dentro o sobre tu cuerpo entre episodios sexuales.

La esponja es un disco de material impregnado con espermaticida que se introduce en la vagina de manera muy similar al diafragma. Se puede comprar sin receta médica en farmacias y droguerías, es fácil de emplear y funciona bien en la mayoría de las mujeres. Los estudios recientes muestran una tasa de éxito del noventa y cuatro por ciento, lo que significa que para la mujer que tal vez está fuera de su periodo más fértil de la vida o que está tratando de espaciar su familia y que no le importa un "fracaso", es perfecta. Sin embargo, es bastante costosa y sólo se puede emplear una vez. Desde el punto de vista sexual, causa pocos problemas, aparte de las parejas que detestan la sensación de la esponja, ya sea en la vagina, contra el pene o en sus dedos. De nuevo, como con el diafragma, ponerlo puede ser un juego en sí.

Existen varios métodos naturales de control del nacimiento que involucran la vigilancia detallada de la ovulación mediante estudiar el moco vaginal de la mujer, su temperatura, o ambos. Una vez que los aprende, estos métodos son fáciles de llevar a cabo y pueden ser muy confiables si la pareja es meticulosa al usarlos. Las mayores ventajas, según mi opinión, se derivan del formidable nivel de conciencia que estas parejas desarrollan sobre el ciclo sexual de la mujer. Las parejas en verdad capaces pueden decir con sólo tocar el cuello uterino de la mujer exactamente en qué parte de su ciclo está, y por lo tanto su fertilidad. Otras se vuelven expertas en el diagnóstico de la mucosidad. Este conocimiento ayuda al hombre a ser consciente del cuerpo físico de su pareja mucho mejor que cualquier otro método, y la mayoría de las parejas encuentran que esto aumenta la sensación de estar unidos y la comprensión. También alienta otros métodos para hacer el amor durante los días fértiles del mes, cuando el verdadero coito podría terminar en un embarazo. Esto demanda ingenio y creatividad al hacer el amor, ¡lo cual ciertamente reduce la posibilidad de aburrimiento sexual!

La esterilización, en una mujer, se debe considerar un procedimiento virtualmente irreversible en que las trompas de Falopio se cortan y ligan o sujetan con grapas de manera que los huevos no puedan viajar al útero y el esperma no pueda subir a fertilizar un huevo. La mujer que tiene ligadas las trompas está cien por ciento segura en relación a la concepción, y aparte de algunos cambios en la naturaleza de la menstruación en unas cuantas mujeres, no existen efectos secundarios apreciables. La libertad que proporciona la esterilización a la pareja promedio sobrepasa con mucho las desventajas y la vasta mayoría de las mujeres y sus parejas son felices con el procedimiento. Como con la esterilización masculina, libera a la pareja para el sexo en cualquier momento y cualquier lugar, lo que puede llevarla a nuevos niveles de espontaneidad sexual.

Aunque la anticoncepción es, por supuesto, un tema de interés para cualquiera que esté sexualmente activo, es especialmente importante para quienes no están casados, en particular los jóvenes. La adolescencia y el inicio de la vida de adulto es un periodo para exploración sexual en busca de una pareja, pero quizá especialmente en la actualidad, en que muchos jóvenes están preocupados por su salud sexual y la de su pareja. Dado que es imposible estar seguro de la adaptabilidad sexual de alguien, desde el punto de vista del SIDA o de otras enfermedades de transmisión sexual, es casi con total certeza mejor actuar con seguridad y utilizar un condón en todas las ocasiones, incluso cuando estás usando también otro método. Esto también se aplica a personas de más edad que tienen sexo con compañeros de los que no pueden estar seguras. La mayor parte de la investigación aún muestra que la mayoría de los jóvenes es temeraria respecto a llevar consigo y usar condones pero tal vez cuando se pongan más de moda y al tomar la iniciativa con más frecuencia las mujeres, cambiará esta actitud.

Por lo general, la anticoncepción se ha concentrado en prevenir embarazos indeseables y muchas personas han perdido de vista el hecho de que los métodos más antiguos, como el condón, se emplearon originalmente para proteger contra enfermedades venéreas. Las enfermedades de transmisión sexual son más comunes en la actualidad y cualquier pareja previsora, a menos que esté segura de la salud y fidelidad sexuales del otro, sería prudente en considerar protegerse no sólo contra el embarazo, sino también contra el SIDA y otras enfermedades de transmisión sexual. Esto significa que el condón seguirá aumentando de popularidad como método anticonceptivo ya que es el único que maneja ambos "riesgos"; ningún otro método de anticoncepción protege contra las enfermedades de transmisión sexual. Sin embargo, para la pareja que está segura del otro, existe una selección mucho mayor de métodos anticonceptivos. Qué tanto mayor será esta selección como resultado de la investigación futura nadie lo sabe, pero en mi opinión, vamos a continuar con los métodos disponibles en la actualidad por algún tiempo más.

# *REGISTRO DE CASOS*

*Como el "Tío Agonía", he recibido un número cada vez mayor de cartas haciendo preguntas específicas sobre el* SIDA. *Otras preocupaciones comunes también se incluyen aquí.*

*Estoy muy preocupada por el* SIDA. *¿Puedo contraerlo al besar a mi novio?*

Nadie lo sabe con certeza, pero la investigación actual sugiere que no puedes contraerlo por besar la boca de tu novio. Sin embargo, estoy seguro que es imprudente besar o chupar el pene de un hombre, a menos que estés totalmente segura de sus antecedentes sexuales. En la actualidad, se considera imprudente cepillarse los dientes antes del sexo oral, ya que esta acción puede causar pequeñas laceraciones de las encías por las que el SIDA puede viajar si el hombre o mujer está infectado.

*Mi marido dice que no usará un vibrador en mi interior porque yo podría volverme adicta a éste y lo dejaría. ¿Sucede esto siempre?*

Me suena como si tuviera un complejo de inferioridad sobre su habilidad para satisfacerte. La mayoría de las mujeres que utiliza un vibrador no se vuelve adicta a las sensaciones que produce, incluso si lo usan con regularidad. Sin embargo, un vibrador produce sensaciones muy excitantes para muchas mujeres. La mejor forma para superar tu problema con tu esposo es hacerlo participar con tu juguete y enseñarlo a darte placer.

*En verdad me gusta el sexo anal con mi pareja, a la que he conocido por siete años. Ella está preocupada por el* SIDA *pero ambos somos fieles y le digo que no es problema. ¿Qué te parece?*

Tienes razón, no hay problema si ambos son fieles entre sí. El sexo anal ha sido popular desde tiempos inmemoriales y es una lástima que en la actualidad muchas parejas se pierdan una parte agradable de su repertorio porque creen que el sexo anal de alguna manera *causa* SIDA; no es así. Es una práctica peligrosa si alguno de los dos tiene una enfermedad de transmisión sexual y, en especial, por supuesto, si eres HIV positivo. De otra manera, debe continuar siendo una parte agradable de tu vida amorosa.

*Mi novia tiene orgasmos enormes cuando acaricio su punto G y también parece salirle algún fluido. ¿Qué está sucediendo?*

Algunas mujeres en verdad eyaculan fluido de sus vías urinarias al llegar al clímax. Es más probable que esto suceda si le están estimulando el punto G. El tema se ha discutido por muchos años, pero existe poca duda que la eyaculación femenina es un hecho. Se ha estudiado bajo condiciones de laboratorio y el fluido definitivamente no es orina. Es mucho más parecido a las secreciones prostáticas y es casi seguro que lo producen las pequeñas glándulas a lo largo de las paredes del tracto urinario. Al considerar que esta área se acaricia cuando acaricias su punto G, es difícilmente sorprendente que lo notes más en ese momento. No es un problema y por lo tanto, no debe causarte ansiedad.

*Nosotros tenemos todo tipo de juegos en que ponemos cosas en el interior de la vagina de mi esposa. ¿Es esto seguro?*

Sí lo es, siempre y cuando nunca emplees algo que se pueda romper. De preferencia, utiliza objetos que se diseñaron para meterse ahí. Los juguetes sexuales de fabricación profesional son seguros si se mantienen limpios pero ten cuidado con las versiones hechas en casa. Muchas parejas experimentan con alimentos, como rebanadas de mango o de plátano, lo que puede ser delicioso. Ten cuidado con los alimentos que contienen azúcar, como la mermelada y los dulces ya que a veces cualquier material que quede puede alterar el medio ambiente del interior de la vagina y causar una infección. Siempre lávate o emplea una ducha después.

*Mi marido ha escuchado que es agradable que le estimulen la glándula prostática. ¿Cómo lo hago y es seguro?*

Mucho se ha escrito sobre el punto G para mujeres, pero muchos hombres dicen que también obtienen gran placer de que se acaricie su punto G. Esta área se encuentra unos cinco centímetros dentro del ano, en la pared frontal. La próstata se encuentra ahí y es fácil llegar a ella con el hombre recostado de espaldas y con las piernas levantadas.

Cuando se estimula el punto G de un hombre, asegúrate de empezar con suavidad. Lubrícate el dedo bien y si estás preocupada, usa un guante o un dedal desechables, de plástico. Suavemente inserta un dedo primero y cuando se relaje, busca la mejor área para acariciar. Por lo general, es mejor un tipo de movimiento de "ven aquí" con el dedo, o incluso dos dedos. De acuerdo a varios estudios, los hombres que gustan de este tipo de estimulación dicen que obtienen orgasmos "mejores que nunca" si su pene se acaricia al mismo tiempo.

Después de una caricia anal de este tipo asegúrate de lavar tus dedos antes de acercarlos a tu vagina.

*Mi novia me pide que meta varios dedos a su vagina cuando se está excitando. ¿Qué puedo hacer cuando los tenga dentro para darle un verdadero estremecimiento?*

Las mujeres varían mucho en cuanto a lo que les gusta cuando se trata de dedos en su interior. Para algunas, es mejor mantener un dedo totalmente inmóvil, pero la mayoría dice que les gusta que les dilaten la vagina lo más posible mientras alcanzan el clímax. Cualquier mujer que haya tenido un bebé puede resistir tres dedos a la vez cuando se excita, y a unas cuantas mujeres les gustan más.

Una vez que tus dedos estén en el interior, puedes moverlos a los lados o hacia fuera y hacia adentro, como si fuera un pene y puedes experimentar con acariciar su cuello uterino en la parte más profunda. Esta protuberancia con forma de botón se puede sentir con facilidad, en especial si acerca sus piernas a su pecho o si está a gatas. Para algunas mujeres, las sensaciones que producen las caricias del cuello uterino son exquisitas y pueden llevarlas a un orgasmo incluso si no se hace algo más. Otras se quejan de dolor con sólo tocar su cuello uterino. Sólo la experiencia te indicará qué es mejor para tu pareja.

*En verdad me gusta que mi novio me apriete con mucha fuerza los pezones mientras tengo el clímax. ¿Soy rara o es normal?*

Es probable que seas perfectamente normal. Muchas mujeres disfrutan de una presión muy firme de los pezones y unas cuantas incluso quieren un poco de dolor mientras están en el clímax. La mayoría de los hombres suelen ser demasiado gentiles en estos momentos y el secreto es indicarles cuándo y cómo se debe aplicar la presión.

## Capítulo Seis

# Hacer el amor con coito

Para la mayoría de las personas, "hacer el amor" es sinónimo de coito, y sin importar cuánto disfrutan de otras actividades sexuales, el coito aún parece ser para muchas personas el avance más natural para proporcionarse placer mutuo. Es la forma más elevada de comunicación física e incluso espiritual entre un hombre y una mujer, y tiene el poder de transformar una relación en algo que ambos aprecian y valoran.

# *POSICIONES PARA LAS RELACIONES SEXUALES*

*La mayoría empezamos nuestra vida sexual en forma muy modesta, pero con tiempo, cuidado, un poco de esfuerzo y algo de comunicación real, podemos transformar esta actividad biológica relativamente simple en una porción suprema de la comunicación y de compartir.*

Cualquier lector que haya llegado hasta aquí conmigo, sabrá que el coito no es el inicio de un viaje a la relación sexual de una pareja, sino la consumación de una relación de hacer el amor. Éste no es un libro de sexo como tal, y existen muchos libros que proporcionan más detalles sobre el coito del que ofrezco ahora, pero en nombre de que esté completo el material, y para las parejas que están seguras de la salud sexual y la fidelidad de su pareja y que *querrán* llevar sus relaciones sexuales a la etapa final de compromiso, esta corta sección representa una introducción.

Cualquier hombre y mujer puede tener sexo, como tal. Esta unión física que tiene lugar entre un hombre y una mujer se puede lograr con rapidez y en forma bastante mecánica. Sin embargo, es poco probable que el lector de este libro lo encuentre una experiencia gratificante de la manera que acabo de esbozar. Así que, ¿qué hace la diferencia entre el verdadero acto sexual amoroso y la copulación apresurada?

Es probable que el acto sexual sea la comunicación más profunda posible entre un hombre y una mujer; es verdadero "hacer el amor". Todo en el acto sexual está personalizado para nuestra pareja; está centrado en la pareja, e implica un compromiso absoluto, es parte integral del estilo de vida de la pareja, trata las necesidades de la pareja como algo central, exige visión e imaginación, mejora con el tiempo, mejora el valor de nuestra pareja, se puede variar de acuerdo a las necesidades de tiempo, no conoce barreras, se adapta a las fallas ocasionales, asegura la comunicación "interpersonal", alienta positivamente la mejoría y es una inversión de toda la vida.

Frente a este fondo inspirador, las posiciones para hacer el amor se vuelven casi insignificantes. De hecho, aunque los gurús del sexo de las décadas de 1960 y 1970 dieron gran importancia a las posiciones para hacer el amor y muchos libros han escrito crónicas de ellas en detalle, la mayoría de las parejas encuentra que utiliza sólo tres o cuatro posiciones durante toda su vida sexual. Pueden surgir problemas si uno de ellos se aburre por usar la misma posición un año tras otro, pero cualquier pareja que puede hablar de cualquier tema por lo general encuentra que puede manejarlo.

Todo cambio es amenazador hasta cierto punto, como ya hemos visto en todo el libro, y cambiar de una posición familiar para hacer el amor puede parecer intimidante. Muchas personas, las mujeres en particular, encuentran que tienen inhibiciones sobre adoptar posiciones que sienten son de alguna manera vergonzosas, o no tan aduladoras. Existen muchas mujeres que consideran a cualquier posición que no sea la de misionero como algo que de alguna forma no es natural o es "perversa". Si esto es un problema para ti, es posible que necesites hablar del asunto con un profesional o quizá con tu pareja.

A primera vista, puede parecer que el acto sexual es sólo colocar un pene dentro de una vagina. De hecho, para algunas parejas, es todo lo que significa. Sin embargo, hacer el amor de verdad implica más que esto y puede producir placer a un nivel que trasciende todo lo que la pareja haga junta.

El ángulo en que el pene entra a la mujer puede afectar mucho las sensaciones de ambos cónyuges. Al alterar tus posiciones es posible hacer que el pene entre en contacto con casi cualquier parte de la pelvis de la mujer. Entre más suba las piernas la mujer hacia su pecho, más profunda la penetración, pero puede ser doloroso o incómodo en varios momentos dentro de su ciclo menstrual. Algunas mujeres me dicen que reciben las mejores sensaciones de una penetración en extremo profunda... de hecho, muchas lo dicen en forma simbólica, se sienten más "femeninas" y receptivas cuando las penetran a gran profundidad. Otras mujeres disfrutan de una penetración poco profunda con las piernas casi en línea con su cuerpo.

Las posiciones en que las mujeres están a gatas permiten que el pene estimule la pared vaginal frontal, donde se localiza el punto G de la mujer. Para algunas mujeres, ésta es la última forma en que pueden tener orgasmo durante el acto sexual.

Las parejas que sacan más placer del acto sexual mueven su cuerpo todo el tiempo mientras cambian sutilmente de posición para dar y recibir las mejores sensaciones. Pero este movimiento no está limitado a cambios de posición de todo el cuerpo. Ambos cónyuges también pueden mover sus genitales en formas muy excitantes. Si eres una mujer, puedes contraer y relajar los músculos de la base de la pelvis de manera que sujetes y sueltes rítmicamente el pene mientras él empuja. Y para el hombre la embestida no sólo es muy estimulante para él y su pareja, sino que puede mantener inmóvil el pene y, contrayendo sus músculos pélvicos, "crispa" la cabeza del pene en una forma muy incitadora dentro de la vagina.

Muchas combinaciones posibles de ritmos rápidos, lentos, regulares e irregulares son posibles al hacer el amor. Un exquisito método chino requiere que el hombre embista nueve veces en una forma muy superficial, en la entrada de la vagina, y después, en la décima embestida presionar el pene profundamente. Repetir la combinación del movimiento incitante y rítmico a la entrada y lo inevitable de la décima penetración profunda puede ser inmensamente satisfactorio para una mujer.

La pareja creativa se produce placer en todo tipo de formas al mismo tiempo que tiene lugar el acto sexual. Esto significa examinar cualquier posición para hacer el amor que estás pensando utilizar desde el punto de vista de añadir delicias extras como forma de fortalecerlo. Algunos aspectos que vale la pena considerar son: ¿Se puede mover la mujer con facilidad?, ¿la posición es apropiada para la penetración profunda?, ¿es apropiada para la penetración superficial?, ¿podría ser cómoda durante el embarazo?, ¿puede el hombre alcanzar los senos de su pareja?, ¿puede él acariciar su clítoris con facilidad?, ¿puede él ver su vulva?, ¿puede ella sujetar su escroto o acariciar su pene?, ¿el pene estimula la pared vaginal frontal en torno al punto G?, ¿ambos pueden besarse?, ¿qué tan apropiado es para abrazarse entre sí?, ¿qué tan cansado será?, ¿qué libertad de movimientos permite a ambos cónyuges?

Una buena forma de embarcarse en actividades amorosas más emprendedoras es compartir lo que a cualquiera de los dos, o a ambos, le gustaría iniciar o experimentar como parte del acto sexual que están disfrutando en el momento. Después, piensa en qué aspectos básicos, como los que se listaron arriba, deseas que sucedan. Pronto podrás determinar las mejores posiciones.

Vamos a examinar ahora unas cuantas posiciones para hacer el amor que han demostrado ser favoritas de los enamorados de todo el mundo.

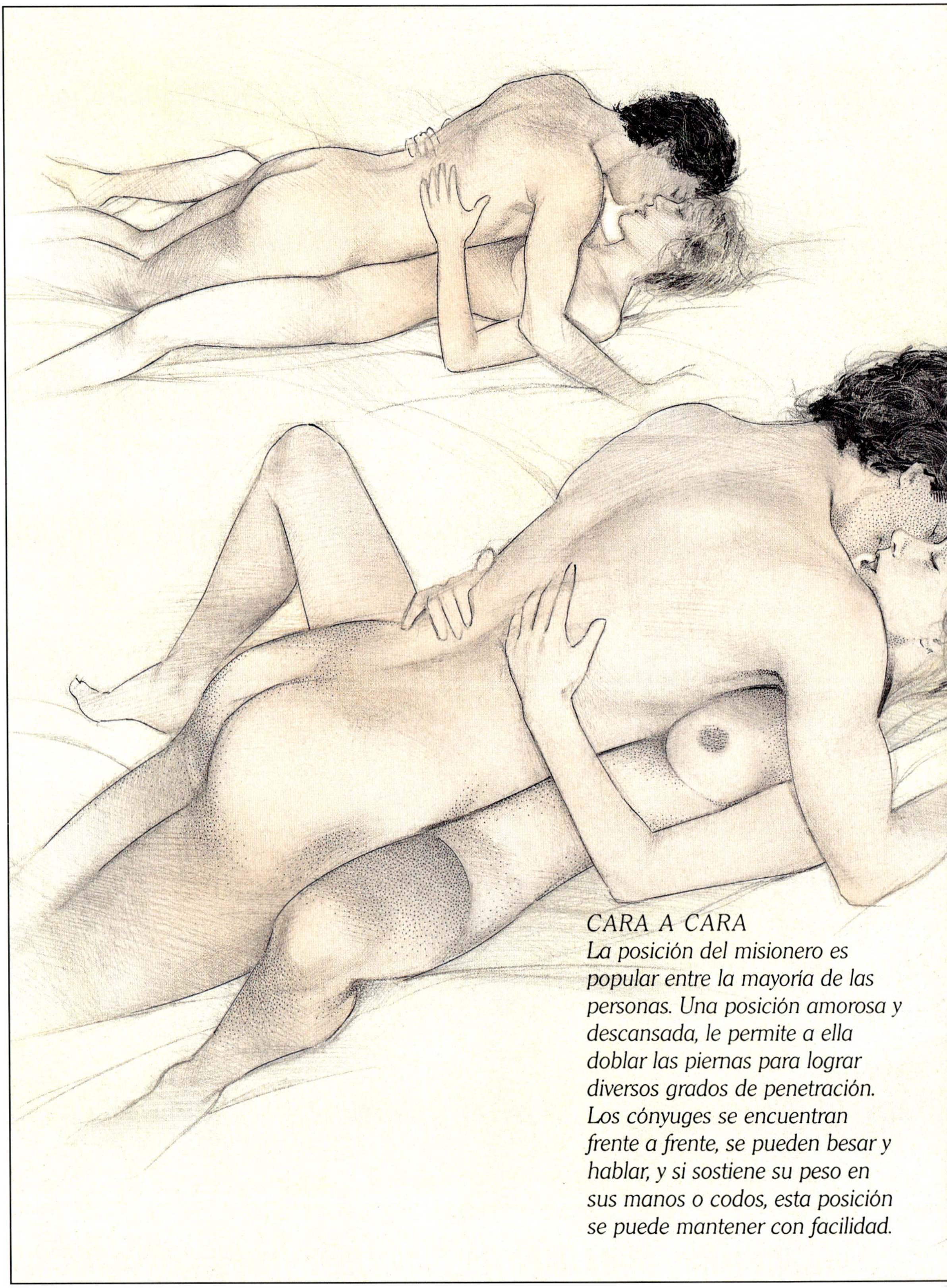

CARA A CARA

*La posición del misionero es popular entre la mayoría de las personas. Una posición amorosa y descansada, le permite a ella doblar las piernas para lograr diversos grados de penetración. Los cónyuges se encuentran frente a frente, se pueden besar y hablar, y si sostiene su peso en sus manos o codos, esta posición se puede mantener con facilidad.*

CARA A CARA

*Con las piernas de ella sobre los hombros de él, la penetración es extremadamente profunda. Esto es muy excitante para él y ella disfrutará de la sensación de su pene acariciando su cuello uterino. Una almohada bajo la cadera de ella puede ayudar a que esté más cómoda. Ésta es una posición en extremo adecuada para la pareja que trata de tener un bebé.*

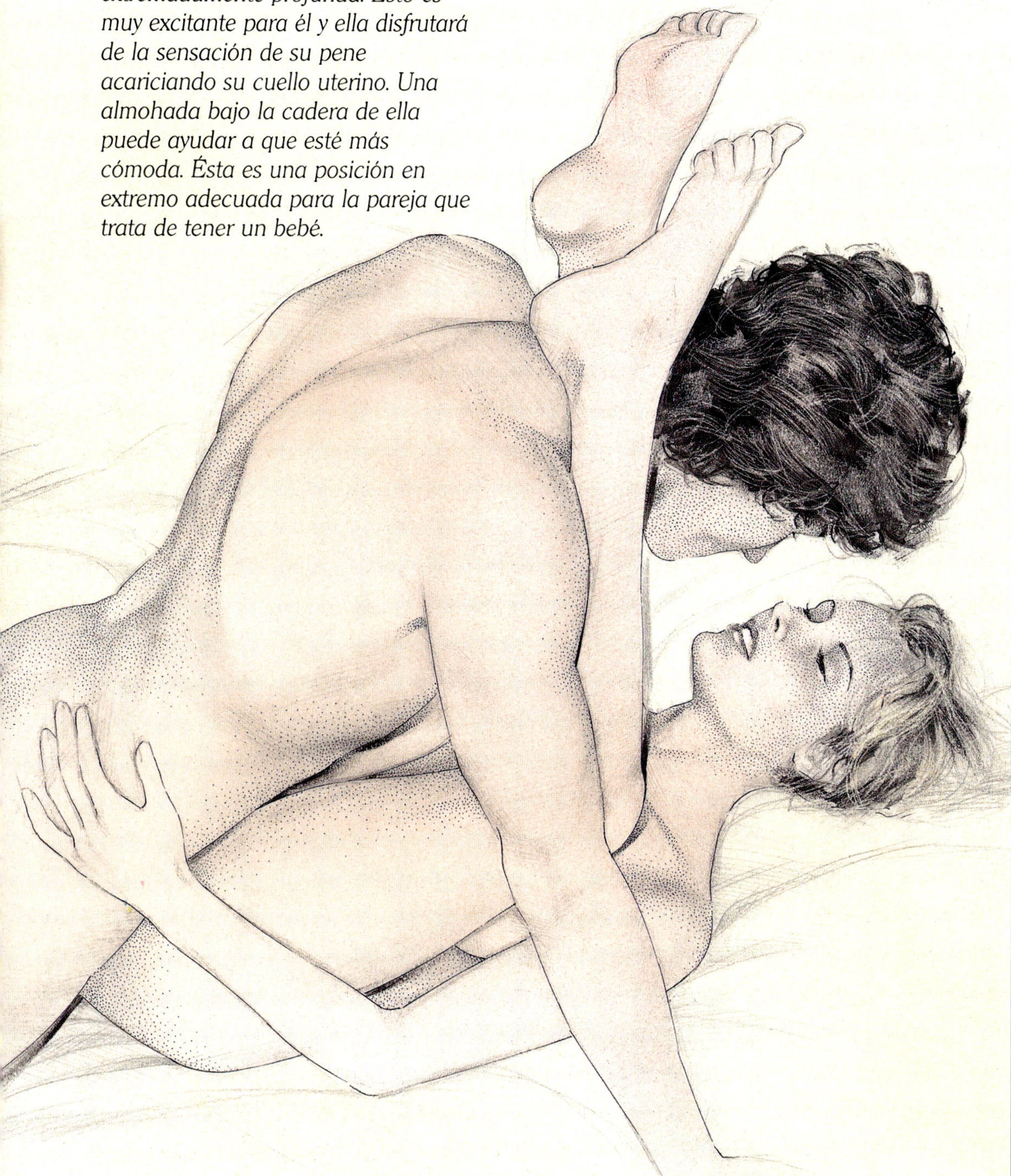

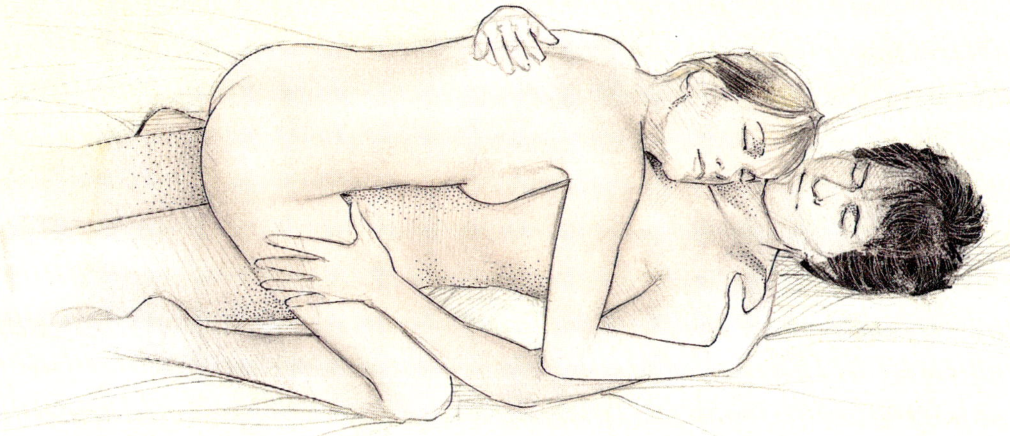

*MUJER ENCIMA*
*Estas posiciones son grandes favoritas en muchas parejas. Ella puede controlar la profundidad de la penetración y mover su cuerpo con facilidad para producir exactamente los efectos que más disfruta.*

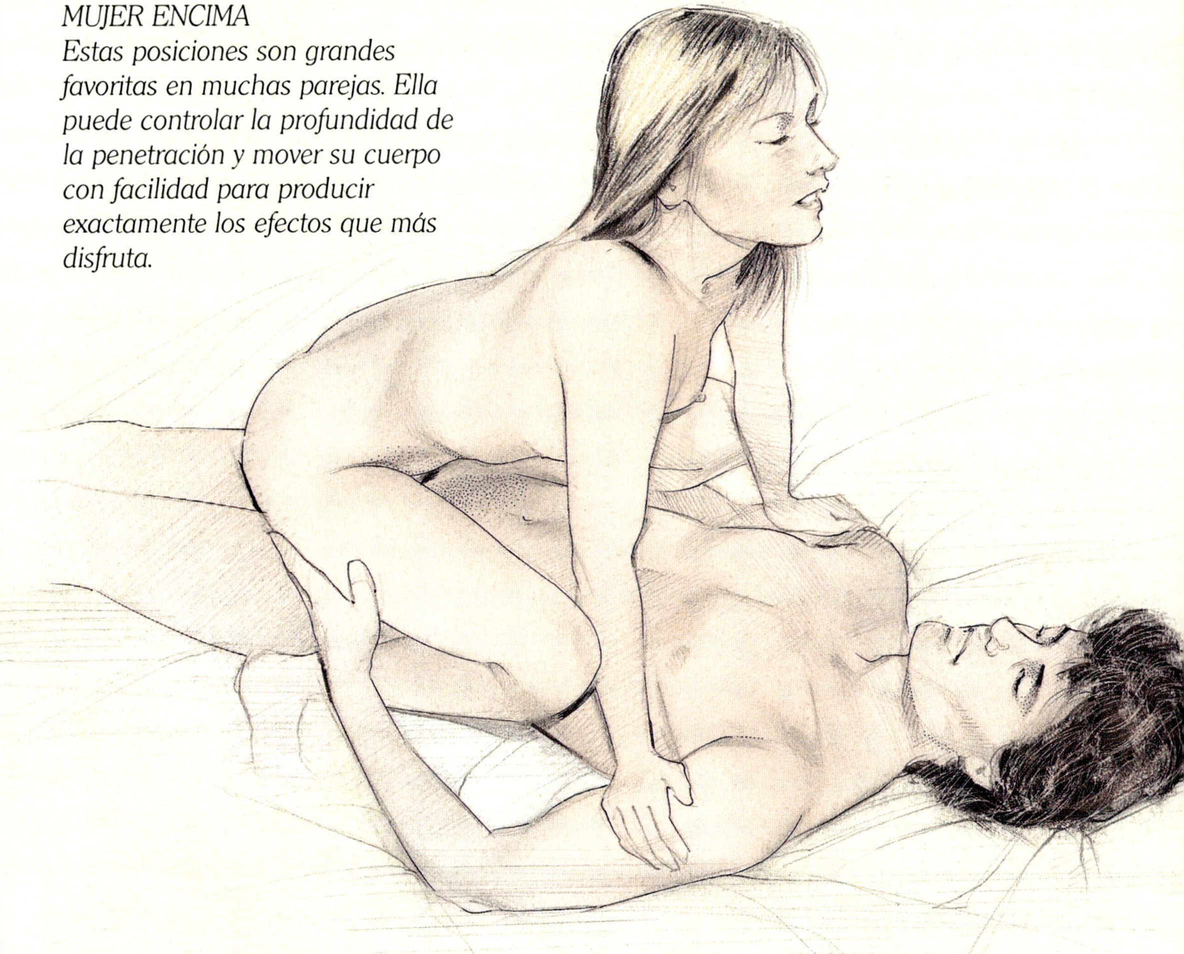

*MUJER ENCIMA*

*Ésta es una posición excitante para ambos. Ella se dobla de manera que el pene estimule la pared frontal de la vagina; él puede ver el placer de ella con claridad, la vulva está totalmente expuesta ante él; puede acariciar el cuerpo de ella y en especial, el clítoris; es muy descansada la posición para él.*

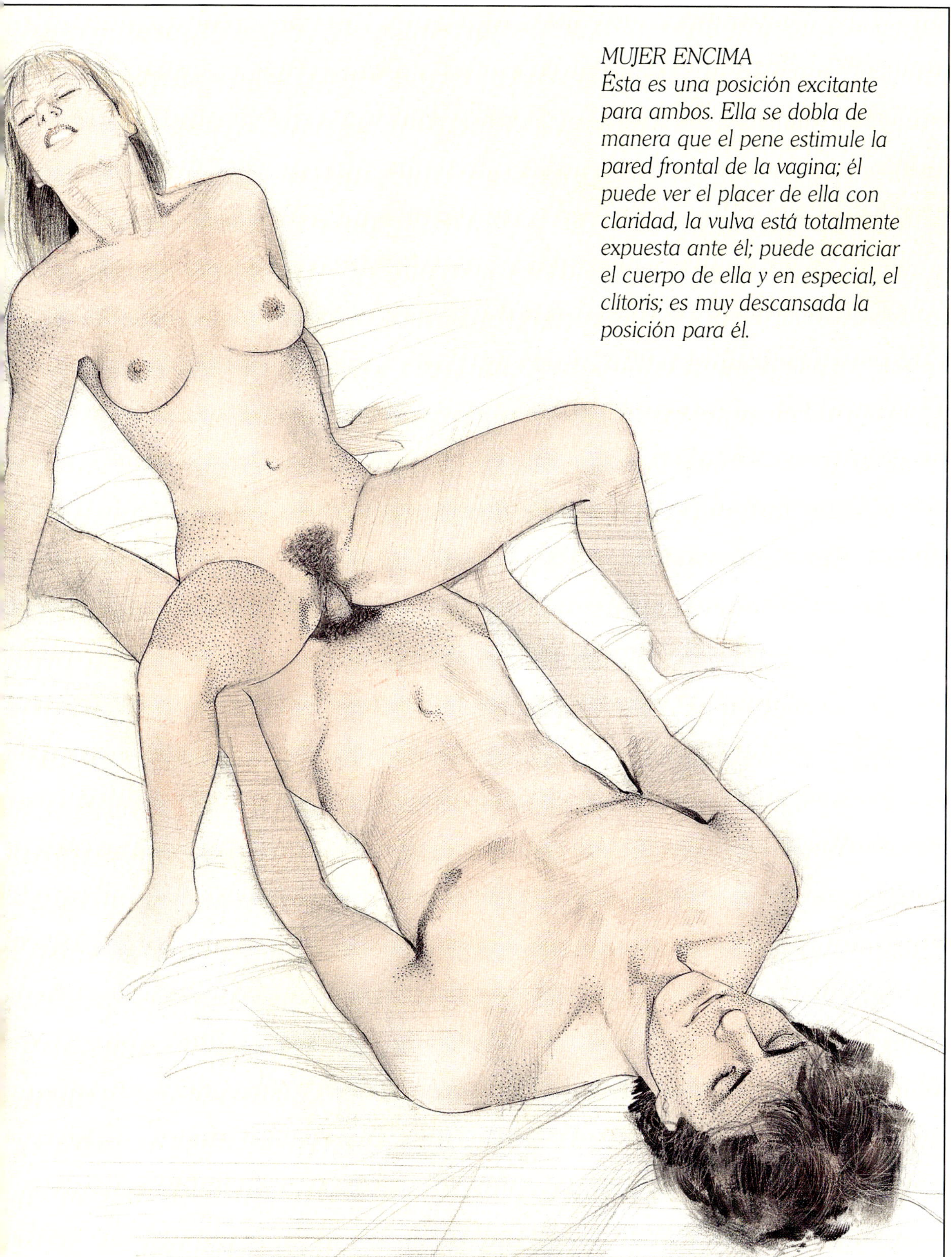

*DESDE ATRÁS*

*Estas posiciones le permiten a él acariciar el abdomen y los senos de ella, y estirarse para alcanzar su clítoris. El pene entra en contacto con fuerza con la pared frontal de la vagina, estimulando el punto G. La posición de lado,* **derecha,** *es ideal para la pareja que está aprendiendo sobre la sexualidad del otro. Es descansado, se pueden ver entre sí y tocarse con facilidad, es agradable durante el embarazo, él puede alentarla a masturbarse y ella puede sentir el pene mientras lo hace, y es una posición apropiada para que ella aprenda a usar sus músculos pélvicos.*

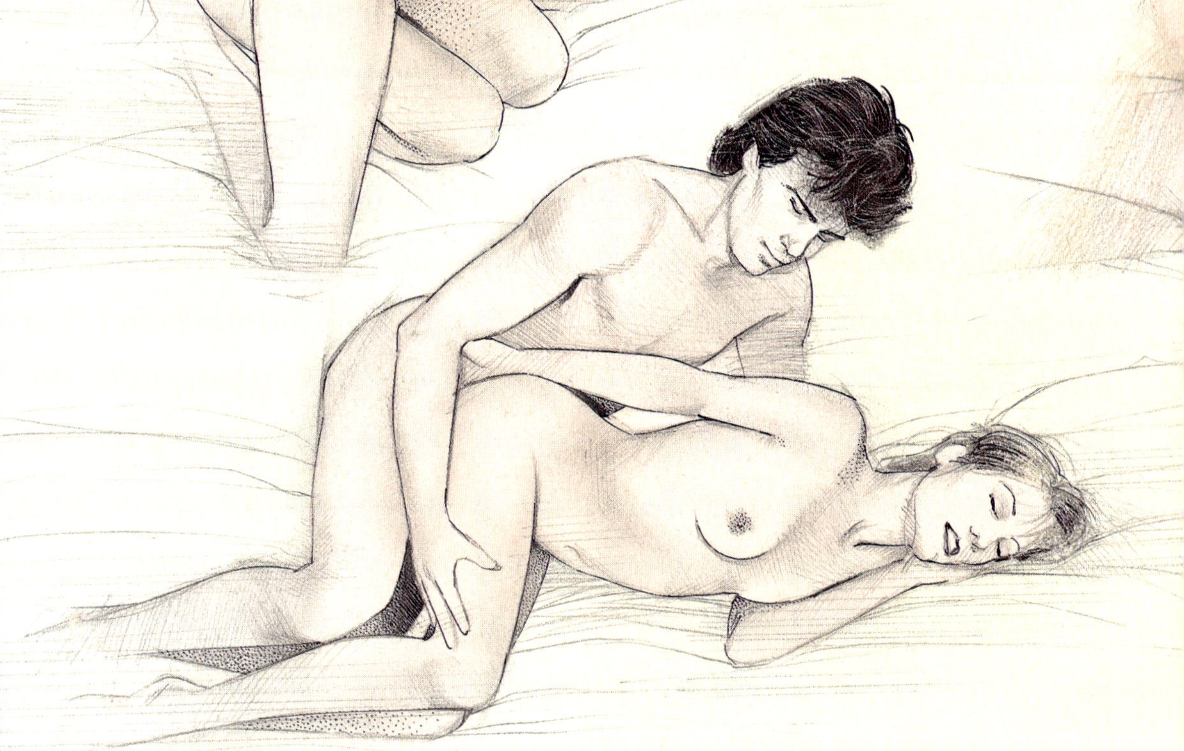

*EN UNA SILLA*

*Si ella se sienta a horcajadas sobre él, ambos pueden besarse y acariciarse. Él puede estirarse para acariciar su cadera y ano, y su clítoris puede estar en contacto con su pubis. La penetración es profunda,* ***abajo****, su vulva y la parte frontal de su cuerpo son visibles para que él los acaricie. Ella no se puede mover mucho, pero puede mirar hacia abajo y ver su pene penetrarla.*

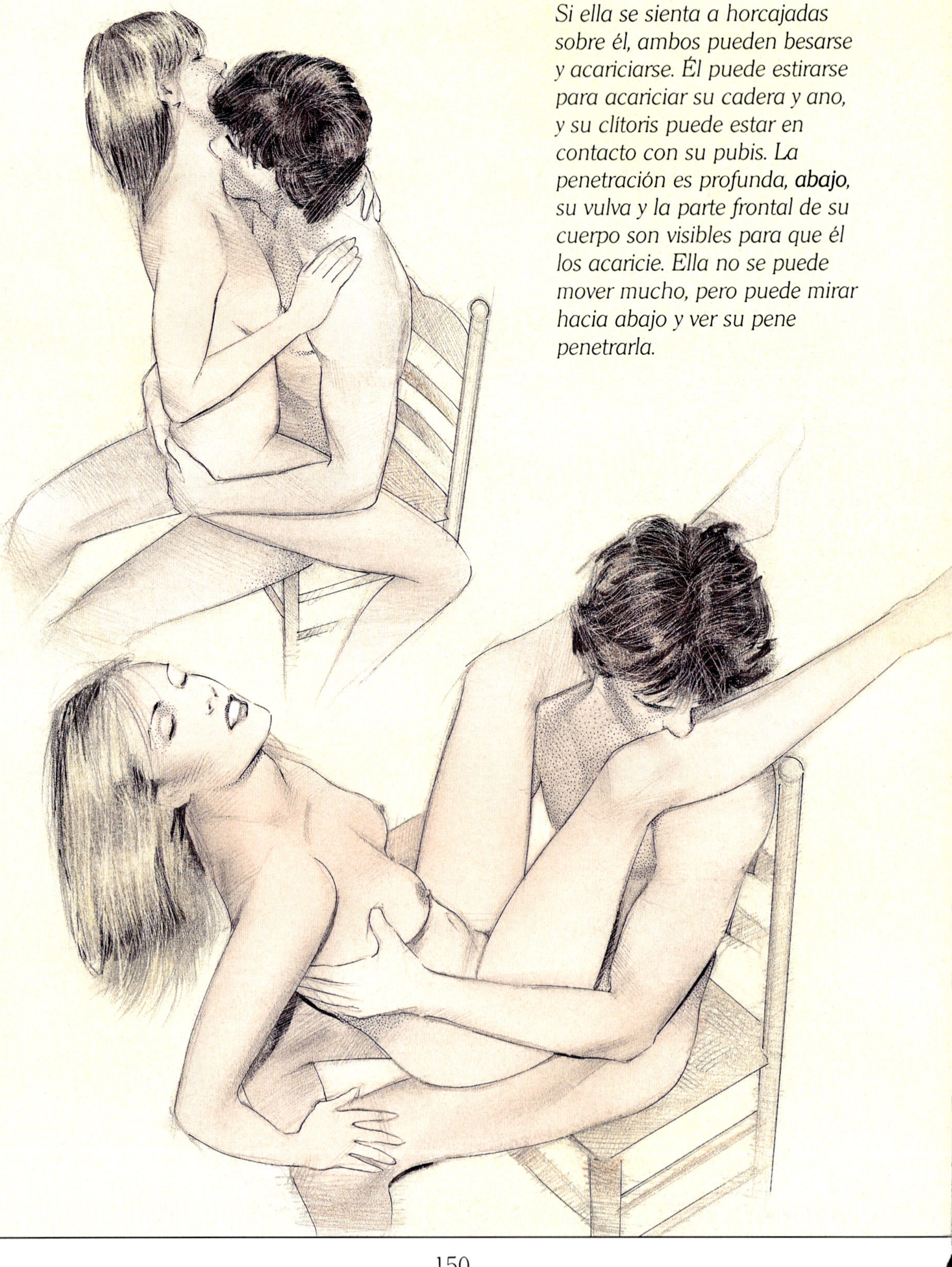

*EN UNA SILLA*

*Esta posición de silla es descansada y le permite a él acariciar los senos de ella. Su clítoris también se puede alcanzar con facilidad pero el movimiento es mínimo de manera que él debe poder mantener la erección por algún tiempo sin muchas embestidas.*

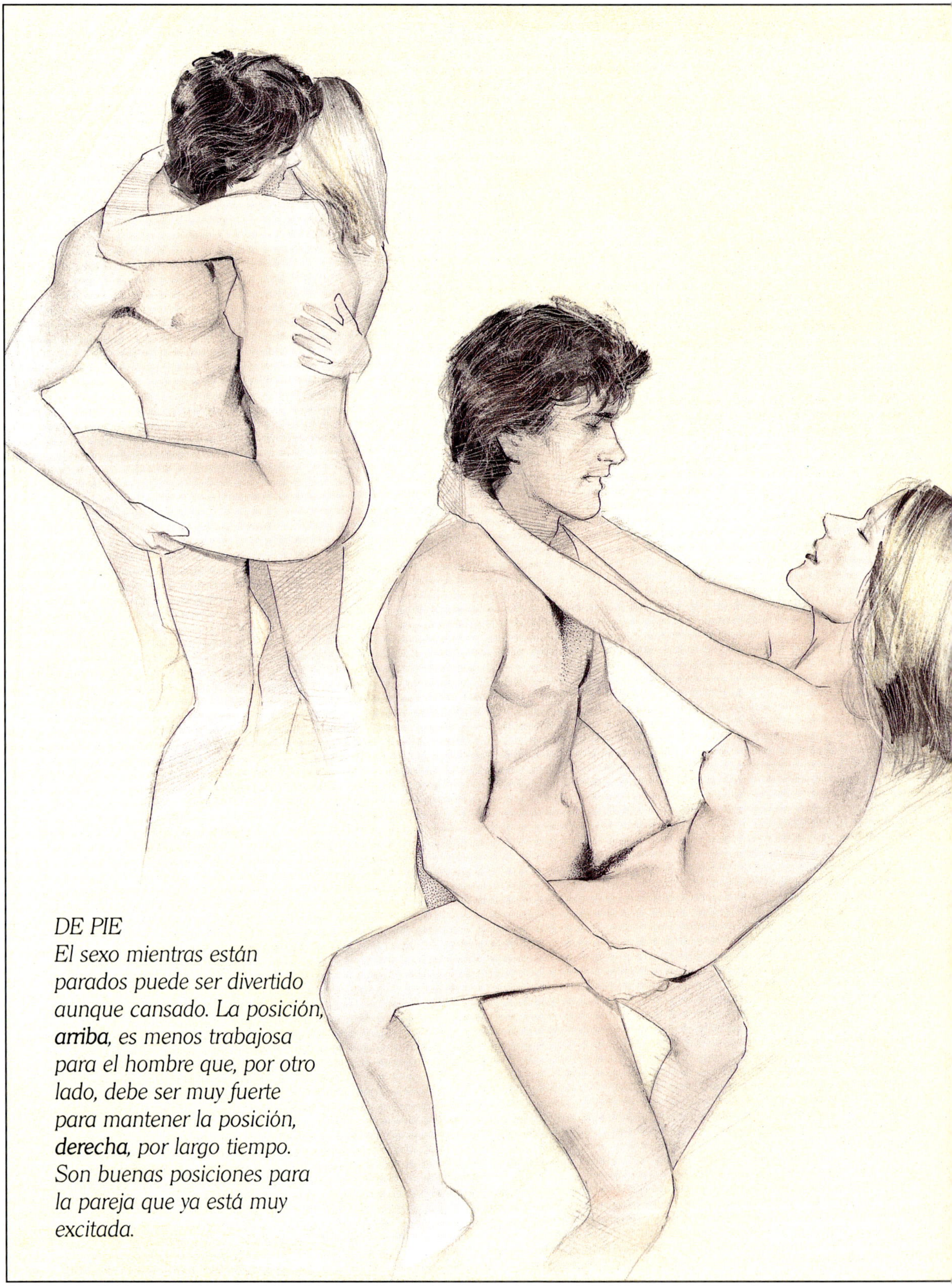

*DE PIE*

*El sexo mientras están parados puede ser divertido aunque cansado. La posición,* ***arriba****, es menos trabajosa para el hombre que, por otro lado, debe ser muy fuerte para mantener la posición,* ***derecha****, por largo tiempo. Son buenas posiciones para la pareja que ya está muy excitada.*

*DE PIE*

*Las posiciones de entrada por detrás de pie, como ésta, son muy descansadas, muy excitantes y permiten una penetración muy profunda. Para el hombre que disfruta de ver la cadera y el ano de su pareja, o para la mujer que desea sexo anal, en realidad o en fantasía. Yo recomiendo esta posición. Para una penetración aún más profunda, debe apoyar sus manos en el piso.*

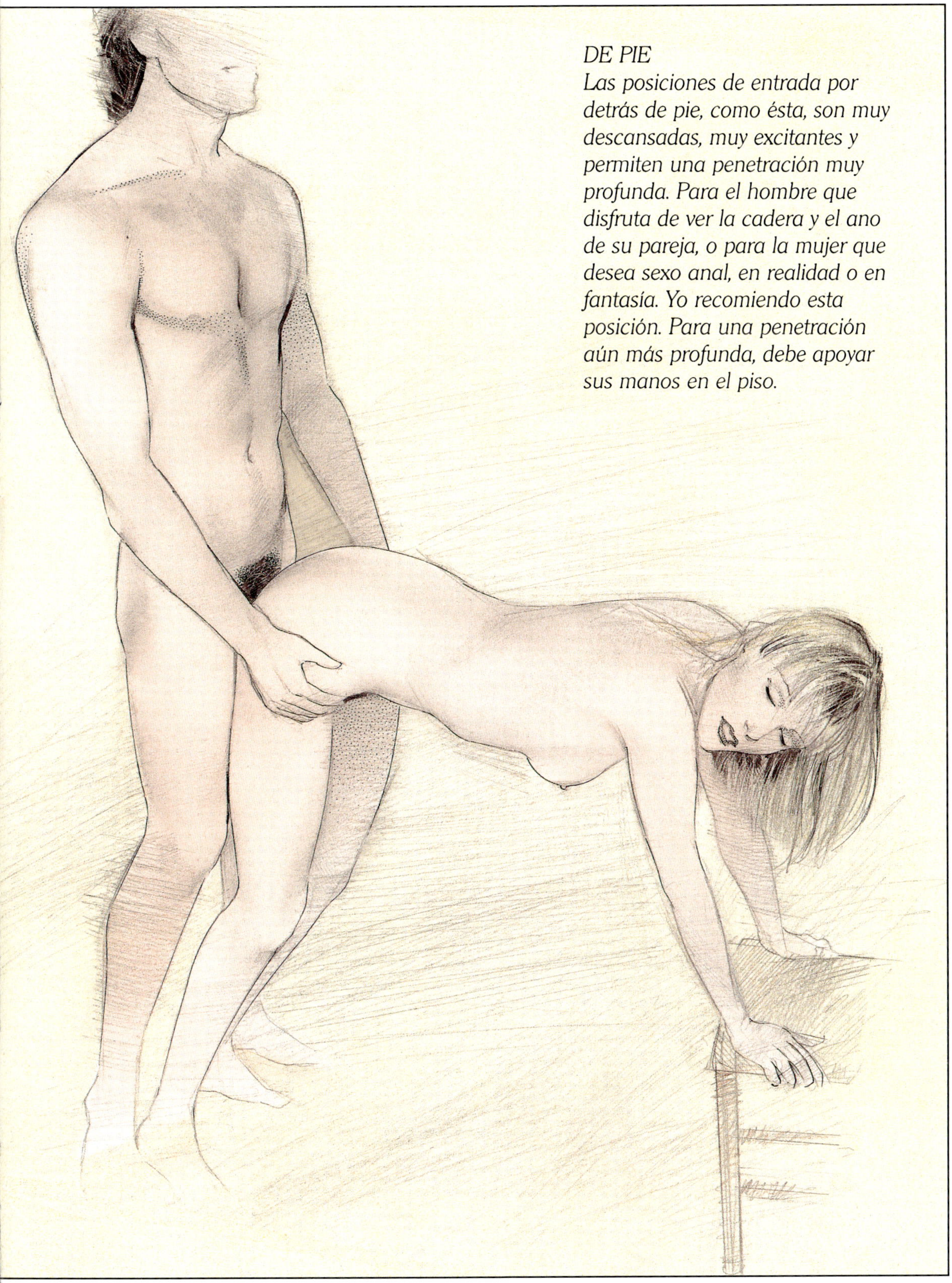

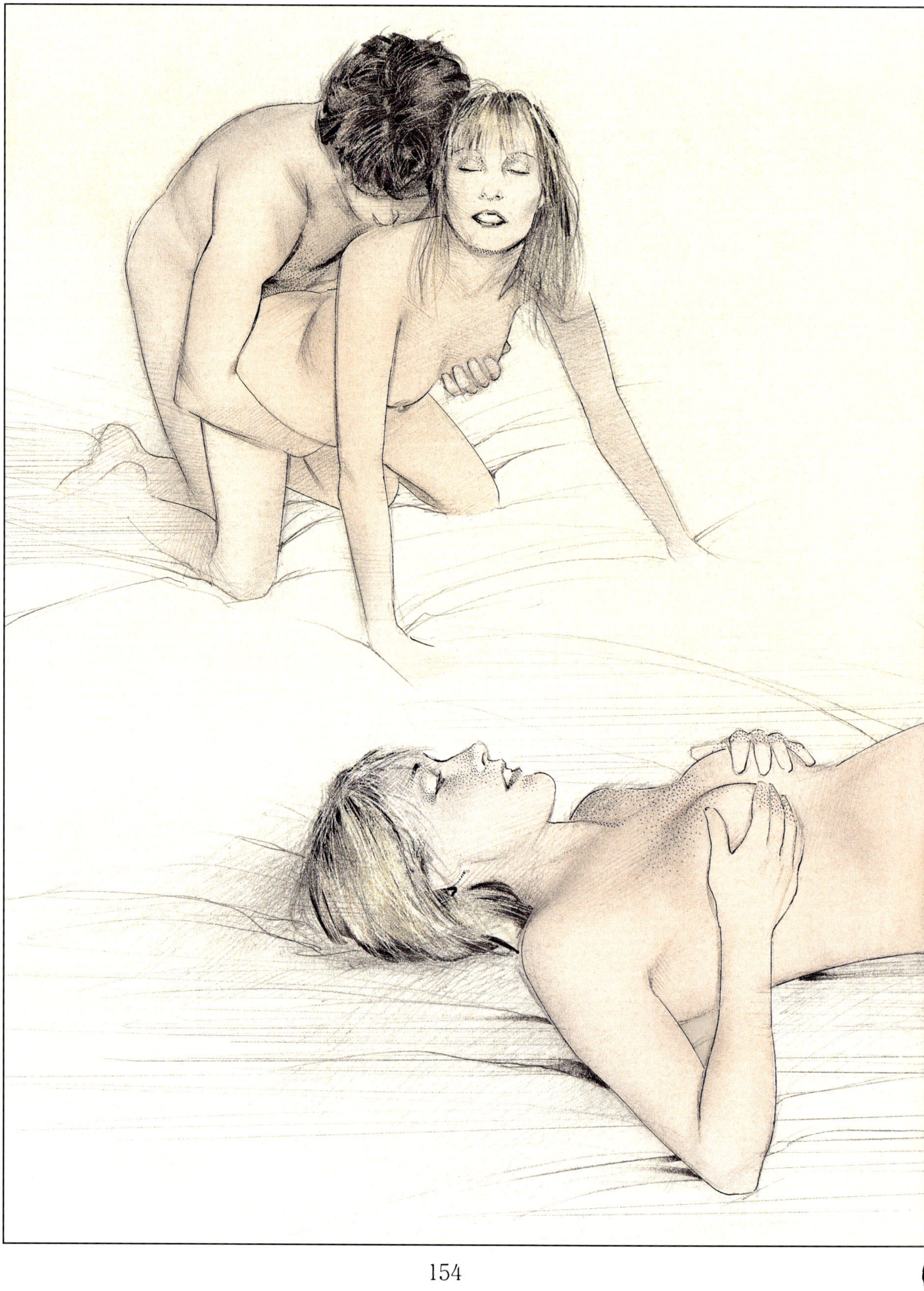

*DURANTE EL EMBARAZO*
*El sexo es seguro y divertido durante el embarazo, pero se deben probar nuevas posiciones, aunque sólo sea para dar espacio a la protuberancia. Arrodillarse a gatas es muy cómodo y permite mucho contacto de la piel. Recostarse de espaldas en una mesa baja o en un sofá es apropiado incluso cuando el embarazo está muy avanzado. Si el bebé está a punto de nacer, hacer el amor de esta forma puede empezar la labor de parto, en especial si ella tiene un clímax al mismo tiempo. Para la mayoría de las parejas, esto es algo más agradable que los procedimientos de hospital. Sin embargo, no olvides que durante el embarazo es probable que desees utilizar posiciones que causen poca presión a sus senos, en especial conforme crecen y se vuelven sensibles.*

# LECTURA ADICIONAL

Una selección de algunos libros que hacen una contribución particular a la literatura de esta área y que los lectores encontrarán esclarecedora y provocativa.

*El Arte de la Intimidad*, P. y T. Malone, Nueva York, Simon & Shuster, 1987.

*El Arte de Amar*, Erich Fromm, Nueva York, Harper & Row, 1974.

*Volverse Orgásmico: Un Programa de Crecimiento Sexual para Mujeres*, J. Heiman y J. LoPiccola, Nueva Jersey, Prentice Hall, 1977.

*El Libro Familiar de la Sexualidad*, Mary Calderone y Eric Johnson, Nueva York, Bantam Books, 1983.

*Conciencia Sexual Femenina*, Barry y Emily McCarthy, Nueva York, Carroll & Graf, 1989.

*El Informe Hite sobre Sexualidad Masculina*, Shere Hite, Nueva York, Alfred A. Knopf, 1981.

*La Alegría del Sexo*, A. Comfort, Nueva York, Crown, 1986.

*Da el Beso de Despedida a la Bella Durmiente*, M. Kolbenschlag, Nueva York, Bantam Books, 1984.

*Conciencia Sexual Masculina*, Barry McCarthy, Nueva York, Carroll & Graf, 1984.

*Los Nuevos Cuerpos, Nosotros Mismos: Un Libro por y para Mujeres*, Boston Women"s Health Book Collective, Nueva York, Simon & Schuster, 1984.

*Sexo, los Hechos y Tus Sentimientos*, Michael Carrera, Nueva York, Crown, 1981.

*Conciencia Sexual*, Barry y Emily McCarthy, Nueva York, Carroll & Graf, 1984.

*Ejercicios Sexuales para Mujeres*, A. Harris, Nueva York, Carroll & Graf, 1988.

*Tacto: El Significado Humano de la Piel*, A, Montagu, Nueva York, Harper & Row, 1986.

*Guía Femenina de Hombres y Sexo*, Andrew Stanway, Nueva York, Carroll & Graf, 1988.

# ÍNDICE

## O



## P



## R



## S



## T



## U



## V



## Z

Gracias a mi querida esposa Penny,
que ha hecho posible y agradable que
practique lo que predico.

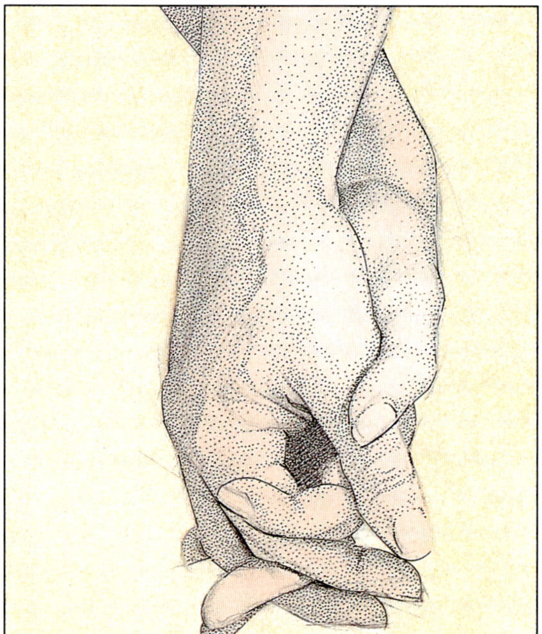